Heinrich Flügel
Der Seehafen Bremen

SEVERUS Verlag

ISBN: 978-3-95801-403-9
Druck: SEVERUS Verlag, 2015

Der SEVERUS Verlag ist ein Imprint der Diplomica Verlag GmbH.
Bibliografische Information der Deutschen Nationalbibliothek:
Die Deutsche Nationalbibliothek verzeichnet diese Publikation in der Deutschen National-
bibliografie; detaillierte bibliografische Daten sind im Internet über http://dnb.d-nb.de abruf-
bar.

© SEVERUS Verlag, 2015
http://www.severus-verlag.de
Printed in Germany
Alle Rechte vorbehalten.
Der SEVERUS Verlag übernimmt keine juristische Verantwortung oder irgendeine Haftung für
evtl. fehlerhafte Angaben und deren Folgen.

Heinrich Flügel

Der Seehafen Bremen

Inhaltsverzeichnis:

	Seite
I. Der Seehafen im allgemeinen	
1. Begriff und Wesen	5
2. Entwicklung der einzelnen Funktionen und Organe	7
II. Das Beispiel Bremen	
1. Allgemeines	13
2. Geschichtliches. Das Ringen um den freien Weg zum Meere	14
3. Die Funktionen.	
A. Die Wirtschafts-Funktionen	
a) Handel und Warenverkehr	18
b) Seeschiffahrt und Personenverkehr	25
c) Güterumschlag und Passagier-Abfertigung	28
d) Die sonstigen Wirtschafts-Funktionen	34
Die Transportmittel im Inlandverkehr	34
Industrie und Gewerbe	37
B. Die technischen und Verwaltungs-Funktionen.	
a) Der Strombau	40
b) Der Hafenbau	42
c) Die sonstigen Verwaltungs-Funktionen	50
4. Die Organe.	
a) Die Kaufmannschaft	52
b) Die Reedereien	54
c) Die Umschlagsfirmen	56
d) Die Handelskammer	58
e) Die staatlichen Organe	59
f) Die Zusammenarbeit der verschiedenen Organe	61

I. Der Seehafen im allgemeinen

1. Begriff und Wesen.

In den nachfolgenden Ausführungen wird mehrfach nur von dem Seehafen schlechthin gesprochen. Dabei sollen unter Seehafen nicht die behäbigen kleinen Hafenplätze verstanden sein, an deren Pfählen oder Mauern einzelne Küstensegler liegen, und wo gelegentlicher Dampferbesuch ein Ereignis ist. Auch nicht die malerischen Städte, deren wenig bewegte Wasser schöne Giebel anmutig spiegeln und von vergangener Größe träumen. Gemeint sind endlich nicht jene Hafenplätze mit lebhafterem Verkehr, der aber näher betrachtet nur eine ganz einseitige Form aufweist. Hier ist bei dem Begriff „der Seehafen" vielmehr nur an die wichtigste Gruppe der Häfen gedacht, nämlich jene mit Bedeutung für den Weltverkehr oder, wie man vielfach kurz zu sagen pflegt, „Welthäfen".

Was ist der Seehafen? Man nennt ihn wohl das „Tor zur Welt". Nicht unrichtig, aber doch nicht erschöpfend. Der Name bringt die universelle Bedeutung des Seehafens treffend zum Ausdruck. Er ist eine Grenzstation. Aber nicht wie eine Eisenbahnstation an der trockenen Grenze nur nach einem oder höchstens einigen wenigen Nachbar-Ländern. Der Seehafen ist vielmehr eine Grenzstation eines Landes zur ganzen übrigen Welt. Aber mit dem Wort „Tor zur Welt" wird doch die volle Bedeutung des Seehafens noch bei weitem nicht erschöpft. Das Tor ist ein Ding. Es ist passiv. Man kann eine Eisenbahn-Grenzstation so nennen. Denn durch dieses Tor rollt der von fern gelenkte Verkehr mittels einer Weichenstellung nur hindurch.

Aber der Seehafen ist aktiv. Er hat eine Seele. Der Verkehr, die Linien und ihre Mittel sind nicht einfach da, so daß der Hafen nur den Umschlag zu bewerkstelligen hat. Das gilt nur für jene eingangs erwähnte Gruppe mit ganz einseitigem, meist fern geleitetem Verkehr; Hafenplätze, die man deshalb vielleicht kurz seelenlos nennen kann. Der Seehafen im hier verstandenen Sinne, der Welthafen, aber mußte im Anfang der Entwicklung und muß noch ständig fast alles selbst ins Leben rufen oder heranziehen, aufeinander abstimmen, die Einrichtungen für das richtige Ineinanderarbeiten herstellen und betreiben. Er wirkt und leitet also; um es kaufmännisch auszudrücken, er gründet und disponiert. So ist er ein großer einheitlicher Organismus. Alles lebt in ihm. Alle einzelnen Teile sind zwar durch viele Fäden mit der übrigen wirtschaftlichen Welt verbunden, aber doch nicht entfernt so eng verflochten wie mit ihrem Sitz, dem Seehafen. Daher sind sie nur dessen Glieder. Sie verrichten Sonderfunktionen. Erst die Tätigkeit aller zusammen macht das eine wirtschaftliche Lebewesen Seehafen aus. Das ist natürlich nur ein künstlicher Begriff, ebenso wie die juristische Persönlichkeit des bürgerlichen Rechtes und des Handels-Rechtes. Aber nur wenn man den Seehafen so versteht und ihn als Ganzes etwa mit einer großen schaffenden Firma vergleicht, kann man sein Wesen, seine Lebensbedingungen und seine Bedürfnisse ganz erkennen.

Seine Aufgabe wird man richtig kennzeichnen, wenn man ihn den **Mittler im Seeverkehr der Völker** nennt. Das sind drei Gesichtspunkte. Dazu noch einige Bemerkungen.

„Der Völker": Nicht nur zwischen dem eigenen und anderen Völkern, sondern auch zwischen fremden Ländern, wie z. B. beim Transport von Bananen von Mittelamerika über Bremen nach Schweden und Norwegen.

„Seeverkehr": Deutschland ist auf den Seeverkehr nicht nur im Verkehr mit den Völkern Amerikas, Afrikas, Australiens und Niederländisch-Indiens sowie auf kurze Kreuzung der See in seinem umfangreichen Handel mit Groß-Britannien, Irland und Skandinavien angewiesen. Auch im Verkehr mit den meisten übrigen europäischen und mit allen asiatischen Ländern spielt die Seeschiffahrt eine sehr bedeutende, vielfach ausschlaggebende Rolle. Im Fahrgastverkehr bedient man sich zwar auf kürzeren oder mittleren Strecken der schnelleren Bahn. Jedoch wird auf weitere Entfernung das angenehmere Seeschiff, wenn die Zeit es eben zuläßt, vorgezogen. Im Güterverkehr sind die Kosten entscheidend. Deshalb ist das Seeschiff hier wegen seiner natürlichen Vorzüge — Tragkraft des Wassers, geringere Reibung, wenig tote Last bei der Größe des Transportgefäßes — allen anderen Beförderungsmitteln weit überlegen.

Aktiver „Mittler", nicht passives Tor ist der Seehafen. Seine Schiffe sind die Fahnenträger, seine Kaufleute die Wegbereiter für den Absatz der Erzeugnisse des Heimatlandes.

2. Entwicklung der einzelnen Funktionen und Organe.

Im Verlaufe der stets langen Geschichte waren die Funktionen des Seehafens im einzelnen manchen Wandlungen unterworfen. Dementsprechend entwickelten und veränderten sich die zur Verrichtung dieser Aufgaben bestimmten Organe.

Wagemutige Küstenbewohner fuhren einst aus Abenteurerlust, Freude am Meer und naturhaftem Erwerbstrieb in ferne Länder. Diese unternehmungslustigen Männer, Kaufmann, Reeder und Kapitän in einer Person, waren die ersten Träger der Seehafenfunktionen. Der Kaufherr schaffte mehrere Schiffe an und mußte im Heimathafen bleiben oder im Inland reisen. Der Kapitän wurde sein Bevollmächtigter, nicht nur in der Leitung des Schiffes, sondern auch beim Kauf und Verkauf in Übersee, bis auch die Aufgabe dort zu groß und eine eigene Niederlassung gegründet wurde. Die Kaufleute des gleichen Platzes schlossen sich zusammen. Sie erhielten maßgebenden Anteil an der Leitung ihrer Stadt. Diese übernahm, wo, wie in Deutschland, die Reichsgewalt fehlte oder versagte, selbst den Schutz der Schiffe und der fernen Niederlassungen ihrer Bürger. Durch eigene Kriegsschiffe unter ihrer Flagge führte sie ihn durch. So entwickelten sich die Hansestädte. Es waren schon festgefügte Organismen mit starkem Eigenleben, Städte, die mit den Handels- und Schiffahrtsbelangen zum „Seehafen" untrennbar verwachsen waren. Die Funktionen des Seehafens waren Handel und Schiffahrt auf der einen und ihr Schutz auf der anderen Seite. Die Organe waren die Kaufmannschaft und der im wesentlichen aus Kaufleuten gebildete Rat der Stadt.

Andere technische Anforderungen wurden damals an die Seehäfen kaum gestellt. Sie waren dort entstanden, wo Schutz vor den Gefahren des Meeres und gleichzeitig gute Möglichkeit zum Binnenhandel gegeben war; meistens an einem größeren Flusse; ziemlich weit landeinwärts zur kürzeren Verbindung mit dem Hinterlande, aber doch nahe genug dem Meere, um es leicht und sicher zu erreichen. Maßnahmen zur Verbesserung der Flußläufe kannte und brauchte man nicht. Ebenso wenig künstliche Hafenbecken. Die Schiffe lagen einfach am Flußufer vor den Packhäusern oder an den Uferstraßen, wo der Umschlag erfolgte und Pfähle geschlagen waren, und die daher im Wesergebiet noch heute „Schlachte" oder „Schlagd" heißen. (Vgl. Abb. 1.)

Jahrhunderte lang blieb diese Struktur in den wesentlichen Grundzügen die gleiche. Erst die umwälzenden Erfindungen im 19. Jahrhundert brachten erhebliche Wandlungen. Die Aufgaben der Seeschiffahrt wurden immer größer und schwieriger. Dieser Geschäftszweig trennte sich nach und nach von dem ursprünglichen einheitlichen Handels- und Schiffahrts-Geschäft ab. Aus einer Zelle waren durch Spaltung zwei geworden.

Das sprunghafte Anwachsen der Schiffsgrößen zu unerhörten Steigerungen stellte ganz neue technische Aufgaben. Kein noch so gewaltiger Strom war ohne große Vertiefungs- und Begradigungsarbeiten zur regelmäßigen Aufnahme der modernen Schiffsriesen in der Lage. Bei dem immer wachsenden Verkehr kam man auch nicht mehr mit den bisherigen Wasserflächen aus, welche der natürliche Fluß oder höchstens ein Schutzhafen stellten. Denn noch mehr als die Größe stieg die Zahl der Schiffe. So entstand eine andere, ganz neue technische Aufgabe: der Hafenbau.

Welche von diesen beiden technischen Funktionen, der Strom- oder der Hafenbau, größer und wichtiger wäre, kann man nicht allgemein entscheiden. Die Zufahrtsstraße zur See ist das Primäre. Die Schwierigkeit der Strombauten liegt darin, daß sie mit den Gewalten und Launen der Natur zu tun haben. Endgültiger Erfolg ist meistens erst dort erzielt, wo es menschlichem Geiste gelang, aus dem Kampf g e g e n einen Kampf m i t der Natur zu machen.

Der Strombau arbeitet im allgemeinen vorwiegend in die Tiefe, nur in beschränktem Umfange in die Breite. Der Hafenbau geht sowohl in die Tiefe wie in die Breite, um die nötigen Liegeplätze zu schaffen. Außerdem hat er die Aufgabe, nicht nur die Häfen zu erstellen, sondern sie auch auszustatten; und gerade diese Ausstattungen sind im Laufe der Zeit das Kostspieligste am ganzen Hafenbau geworden. Denn die ständige Entwicklung der Technik und der immer schärfere Wettbewerb der Häfen erfordern immer neue Einrichtungen hinsichtlich der Kajemauern, Kräne, Gleisanlagen, Schuppen und sonstiger landfester oder schwimmender Geräte.

Die Schutzfunktion der Hansestädte ist im Laufe der Zeit und endgültig durch die Reichsgründung von 1871 zurückgetreten und auf das Reich übergegangen, zu dessen natürlichen Aufgaben sie, genau so wie die auswärtige Politik, Heer und Marine, gehört.

Der Ausbau und die Sicherung des Zuganges zum Meere ist an sich ebenfalls eine Aufgabe des Reiches, wie sich auch die meisten anderen Länder im allgemeinen dieser Aufgabe angenommen haben. Dennoch blieb in Deutschland die Sorge für ihren Strom den Hansestädten bis zur Weimarer Verfassung selbst überlassen, obgleich es sich bei der Elbe und Weser um Stromlängen von mehr als 100 km handelt und der Anteil der Hansestädte an der Uferhoheit nur ganz geringfügig ist. Die ausgeprägte inländische Blickrichtung der Deutschen und das damit zusammenhängende geringere Interesse für die See ließen erst sehr allmählich das Verständnis für die Bedeutung aufkommen, welche der Seehafen für die gesamte Volkswirtschaft hat. So mußten die Hansestädte in der ersten und z. T. schwierigsten Zeit die großen Strombauwerke nicht nur selbst durchführen, sondern sie z. T. auch mit großen Schwierigkeiten gegen Hindernisse durchsetzen, die ihnen dabei unter nicht immer großzügigen Gesichtspunkten von den deutschen Nachbarstaaten gemacht wurden.

Durch Artikel 97 der Weimarer Verfassung ist die Sorge für die Zufahrtsstraßen von den großen Häfen zur See nunmehr endgültig auch in Deutschland auf das Reich übergegangen. Natürlich kann diese Aufgabe praktisch nur durch Organe zur Durchführung kommen, welche in den Seehäfen selbst ihren Sitz haben, die Jahrzehnte langen Erfahrungen verwerten und mit der örtlichen Entwicklung eng verwachsen sind.

Der Hafenbau ist und bleibt standortbedingt eine Aufgabe des Seehafens selbst, und zwar der Stadt bzw. des Stadtstaates. Aber der Hafen ist nicht nur zu bauen, sondern auch vor allem zu betreiben. Das muß bei Wahrung der Interessen der Allgemeinheit den täglich wechselnden Bedürfnissen des Verkehrs im internationalen Wettbewerb angepaßt werden. Die Organe hierfür sind selbstverständlich platzgebunden.

Auch in kaufmännischer und verkehrstechnischer Beziehung traten weitere Wandlungen ein. Der deutsche Fabrikant verkauft seine Maschinen direkt an den Verbraucher in überseeischen Ländern oder zum wenigsten an einen dortigen Händler. Der Zwischenhandel wird vielfach ausgeschaltet. Aber die inländischen Ablader brauchen Vermittlung im Seehafen. Neue Organe bildeten sich heraus, vor allem die Seehafenspedition. Sie ist der Treuhänder der fremden Waren und besitzt für deren Verwahrung z. T. umfangreiche eigene Lagerhäuser.

Daneben hat der Eigenhandel, besonders im Einfuhrgeschäft, noch große Bedeutung, namentlich für hochwertige Güter.

Die geschilderte Entwicklung führte dazu, daß im Wettbewerb der verschiedenen Seehäfen gegeneinander die Kosten für die Inlandstransporte eine immer größere, ja allmählich ausschlaggebende Bedeutung gewannen. Deshalb muß der Seehafen reges Interesse an seinen rückwärtigen Verbindungen nehmen, an Binnenschiffahrt, Eisenbahn, Kraft- und Luftverkehr. Das zeigt sich auch mehr oder weniger überall, je nach der Wettbewerbslage und der Aktivität des Seehafens.

Die Industrie ist bislang nicht erwähnt. Ihr Umfang ist in den einzelnen Seehäfen sehr verschieden. Überall findet man in ihnen den Schiffbau, die Schiffsreparatur und die sonstigen für den Bau, die Instandhaltung und Ausstattung der Seefahrzeuge unentbehrlichen Betriebe. Wie weit sich die industrielle Tätigkeit darüber hinaus erstreckt, hängt von der geschichtlichen Entwicklung, den Standort-Möglichkeiten, der Art der traditionellen Einfuhrgüter und, nicht in letzter Linie, den Energien des Seehafens ab.

Fassen wir als Ergebnis der bisherigen Darlegungen noch einmal die Funktionen und die Organe kurz zusammen, die für einen Seehafen heute als typisch gelten können.

Zunächst die Funktionen.

Hier kann man zwei Gruppen unterscheiden. Einmal die eigentlichen Wirtschaftsfunktionen, die sich im allgemeinen mit den kaufmännischen und industriellen Aufgaben decken, und sodann die technischen und Verwaltungs-Funktionen. Wie so oft lassen die Grenzfälle die Unterscheidung nicht mehr so klar erkennen, die aber im übrigen deutlich zutage tritt.

Zu den eigentlichen Wirtschaftsfunktionen gehört der Handel mit der Spedition, die Seeschiffahrt, der Umschlag und die Passagier-Abfertigung. Sie sind wesentlich. Daneben sind Hafen-, besonders Schiffbau- und -Reparatur-Industrie, eigene Hinterlands-Verbindungen, Versicherungs-Unternehmungen und manche anderen Branchen durchaus wichtig, aber doch begrifflich nicht so unentbehrlich wie die vorher genannten.

Zur zweiten Gruppe gehört der Hafenbau und der Strombau, soweit er noch als eigene Funktion des Seehafens in Betracht kommt, die Überwachung und polizeiliche Sicherung des Hafenbetriebes nebst seinen Gebühren, die Vertretung des Seehafens mit allen seinen Interessen nach außen, die Wahrnehmung seiner Belange hinsichtlich des Baues neuer Verkehrswege und der Tarifgestaltung der Eisenbahn, Binnenschiffahrt usw.

Nun die Organe. Der Einteilung der Funktionen gemäß kann man auch hier von zwei Gruppen sprechen: privatwirtschaftlichen und behördlichen Organen. Die erstgenannten sind die Kaufmannschaft aller Branchen mit ihren besonderen Einrichtungen, die Reedereien mit ihren Flotten und die Schiffsmakler, d. h. die Vertreter auswärtiger Reedereien, die Industriewerke und die Unternehmen, welche den Hafenumschlag und die Passagier-Abfertigungen durchführen. Sie alle nebst ihren Angestellten und Arbeitern, denn deren Sachkunde und Zuverlässigkeit ist von großer Bedeutung. Zu diesen einzelnen Organen treten, auf der Grenze zur anderen Gruppe stehend, ihre gemeinsamen Wirtschafts- und Standesvertretungen, die Kammern, deren Aufgaben sie z. T. als zu den Organen der 2. Gruppe gehörig erscheinen lassen. Diese umfaßt im übrigen die Verwaltungs- und technischen Behörden der Stadt oder des Stadtstaates für alle mit dem Hafen zusammenhängenden Belange.

Erst alle diese mannigfachen Organe zusammen bilden den Seehafen, wie er eingangs umschrieben wurde. Ein ungeheuer feiner Organismus, der nur gut arbeiten kann, wenn jedes Organ gesund ist und mit den anderen reibungslos zusammenwirkt. Das setzt genaue Kenntnis und ehrliches Verständnis der gegenseitigen Aufgaben, schnelle und reibungslose Verständigung untereinander voraus. Daß dieses alles enge räumliche Verbindung erfordert, liegt auf der Hand.

Es kann nicht wundernehmen, daß sich bei einer so komplizierten Gestaltung der Dinge und der ungeheuren Empfindlichkeit der Weltwirtschaft die Hafenstadt bis auf den heutigen Tag auch politisch mehr oder weniger besondere Formen bewahrt hat. Man hüte sich, an dem Organismus herumzuoperieren, bevor man nicht alle Organe und ihre Funktionen genau kennt und auch bei dem Eingriff die weitere Gesundheit und Vitalität sicherstellen kann. Wer das Leben dieser Organismen beeinträchtigt, wird dem ganzen Lande viel mehr Schaden als Nutzen zufügen. In ihm wurzelt der Seehafen. Ihm spendet er letzten Endes aber auch die Früchte seiner gesunden Entwicklung.

II. Das Beispiel Bremen

1. Allgemeines.

In den bisherigen beiden Abschnitten war versucht, das Allgemeingültige über Wesen, Bedeutung, Funktionen und Organe eines Seehafens mit Weltbedeutung herauszuschälen. Aufgabe der folgenden Ausführungen soll es sein, zur theoretischen Skizze das Bild eines praktischen Beispieles hinzuzufügen. Und zwar soll der deutsche Seehafen Bremen dargestellt werden. Denn er ist in doppelter Hinsicht ein Musterbetrieb. Einmal ein Muster- oder Schul-B e i s p i e l, weil gerade in Bremen die typischen Züge des Seehafens, wie sie vorher besprochen wurden, besonders deutlich zu erkennen sind. Der Seehafen Bremen ist aber auch ein Muster b e t r i e b. Denn schon seit einem Jahrhundert war Bremen mehrfach bahnbrechend. Es schuf das erste deutsche Seehafen-Becken auf einem durch Deiche gesicherten Gelände nahe dem Meere; eine Tat, die den alten Goethe begeisterte und die er im „Faust" verherrlichte. Bremen gab der Welt ein Vorbild im Strombau. Es sei erinnert an den Blockadebruch mit dem Untersee-Frachtboot „U-Deutschland" im Kriege und an die erste erfolgreiche Überquerung des Atlantik auf dem Luftwege von Europa nach Amerika mit dem Junkers-Flugzeug „Bremen". Eine seiner Reedereien führte zuerst in Deutschland die Schnelldampfer ein und besaß oft die schnellsten Schiffe der Welt wie auch jetzt wieder in der „Bremen" und „Europa".

Daneben entsprechen zahlreiche Einrichtungen des bremischen Hafenbetriebes in hohem Maße den neuesten Ergebnissen technischer und wirtschaftlicher Wissenschaft, so daß sie als Vorbilder ihrer Art gelten können. Dabei soll gleich ein Mißverständnis ausgeschaltet werden. Wie in den beiden ersten Abschnitten auszuführen versucht war, ist jeder Seehafen ein besonderer Organismus mit starkem Eigenleben. Er ist also einzig und einmalig. Was an Einzelheiten für ihn gilt, braucht keineswegs in gleicher Weise für einen anderen Seehafen das Richtigste zu sein. Mit einem Schema kann man den Bedürfnissen der Seehäfen nicht gerecht werden. Also soll auch nicht gesagt sein, daß, wenn Bremens Einrichtungen vielfach mustergültig sind, deshalb abweichende Einrichtungen in anderen Häfen nicht für ihre anders gearteten Zwecke ebenso richtig sind.

2. Geschichtliches. Das Ringen um den freien Weg zum Meere.

In Bremens Geschichte treten deutlich die einzelnen Phasen der oben geschilderten typischen Entwicklung der Seehafen-Funktionen und -Organe hervor. Es würde hier viel zu weit führen, das auch nur skizzenhaft darzulegen.

Dagegen seien einige wenige für den Seehafen Bremen charakteristische Tatsachen aus seiner wechselvollen Geschichte vermerkt.

Bremen war bereits in den Sachsenkriegen Hauptort des Wichmodes-Gaues, also offenbar schon wesentlich älter. Seine Entstehung ist letzten Endes auf Verkehrsgesichtspunkte zurückzuführen: hochwasserfreie Dünen hart am Weserufer, wo sich der bequeme nord-südliche Wasserweg mit den Landwegen kreuzte.

787 wurde Bremen unter dem ersten Bischof, Willehad, der Mittelpunkt des Missionssprengels. 965 erlangte der bedeutende Erzbischof Adaldag vom deutschen Kaiser das Markt-Privileg.

War so der Bischof zunächst der eigentliche Erwecker und Schirmherr von Bremens Handel und Schiffahrt, so verwandelte sich das anfänglich gute Einvernehmen im Laufe der Zeit häufig zu Gegensätzlichkeiten. Die Stadt hatte bald weitgehende Selbständigkeit ihrem Landesherrn gegenüber erworben, besonders auf allen Gebieten von Handel und Schiffahrt. Anfang des 13. Jahrhunderts aber versuchte der Erzbischof Gerhard, von den bremischen Schiffen Zoll zu erheben, um seine Finanzen aufzubessern. Er hatte die Weser durch ein Pfahlwerk absperren und einen schmalen Durchgang durch eine schwere Kette schließen lassen und zwar bei dem festen Schlosse Witteborg nahe Rekum. Die Bremer Kaufmannschaft erbaute einen großen Koggen, überfuhr bei hohem Wasser die Kette und beseitigte die Pfähle. Der Erzbischof mußte auf den Weserzoll verzichten und sein weißes Schloß der Stadt übergeben. Das war am 28. März 1221. Eine kleine Episode und doch ein Markstein.

Seit jenem Tage rührt der geschichtliche Kampf Bremens um die Freiheit des Zuganges seiner Schiffe zur See, der sich als roter Faden durch die ganze weitere bremische Geschichte zieht.

Vier Jahrhunderte lang beherrschte es die Weser und sicherte die Freiheit des Verkehrs. Zu Anfang des 17. Jahrhunderts trat zu dem Ringen gegen die Menschen, die einen bequemen Anteil am Arbeitserlös des Kaufmannes suchten, der Kampf gegen die Natur. Die Weser war verwildert und versandet. Die Schiffe aber wurden größer. 1618 baute Bremen seinen ersten Hafen rund 20 Kilometer unterhalb, in Vegesack. Nach 100 Jahren mußten die Schiffe noch weiter unterhalb in oldenburgischen Plätzen vor Anker gehen und dort ihre Ladung in Flußschiffe umschlagen. Der Graf von Oldenburg aber hatte inzwischen durch „gar starkes Schießen mit der goldenen Büchsen" den Elsflether Weserzoll durchgesetzt, der erst 1820 vom Deutschen Bundestag aufgehoben wurde. Verstimmt wollte Oldenburg nun den in der ganzen Welt bekannten Namen Bremen aus den Konnossementen ausmerzen. Da gelang es dem großen Bürgermeister Smidt in einem Vertrage mit weitsichtigen Männern Hannovers, die die Gemeinsamkeit der Interessen erkannten, 1827 Gelände nahe dem Meere an der Geestemündung zu erwerben und den „Bremerhaven" zu schaffen.

Nun hatte Bremen nahe dem Meere einen eigenen, vor allen Gefahren sicheren Hafen. Nur so war es in der Lage, an der gewaltigen Entwicklung des 19. Jahrhunderts teilzunehmen. Ohne diese rettende Tat wäre für Bremen und die ganze Weser im entscheidenden Augenblick der Anschluß an den Weltverkehr verpaßt worden.

Man glaubte Bremens Zukunft gesichert. Und doch war es auf die Dauer nur eine halbe Hilfe. Die Geographie verlangte eben ihr Recht. Bremen war der Sitz des Handels und der Schiffahrtsunternehmungen, auch der Endpunkt des Landverkehrs. Das mußte es bleiben. 125 km oberhalb der Mündung der Weser in die vom Golfstrom erwärmte und dicht belebte Nordsee ist es der südlichste deutsche und damit für weite Teile seines Hinterlandes der nächste Seehafen. Das ist sein nur ihm eigener geographischer Vorzug, der im wesentlichen erst im 19. Jahrhundert mit dem Heraufkommen der Zeit des Speditions-Handels in die Erscheinung trat, aber nun mit dem wachsenden Einfluß der Höhe der inländischen Anstoßfrachten auf den Weg im Überseeverkehr immer wichtiger wurde und wird. Seiner Lage nach hat also Bremen eine ständig an Bedeutung gewinnende Aufgabe.

Das setzt aber die Ausnutzung seiner Lage voraus. Es mußte den Kampf gegen die Natur selbst aufnehmen, an den es Jahrhunderte lang aus Mangel an technischen Mitteln nicht denken konnte, für den nun aber der bremische Oberbaudirektor Ludwig Franzius den genialen Plan der Unterweser-Korrektion vorlegte. Er erforderte allerdings 30 Millionen Mark. Die großen Uferstaaten Preußen und Oldenburg lehnten ihre Beteiligung ab. Sie waren nur zu kleinen Verbesserungen bereit. Damit war aber kein durchschlagender Erfolg zu erzielen. Das kleine Bremen mit seinen noch nicht 200 000 Einwohnern nahm

Abb. 1: Alt-Bremen. Die Schlachte, der damalige Liegeplatz der Schiffe. (Vergl. Text S. 8.)

Abb. 2: Schnelldampfer „Bremen" am 24. Juni 1929 auf der Weser bei Vegesack. (Vergl. Text S. 17.)

Abb. 3: Luftbild vom Nordteil des Freihafens II in Bremen mit den Schuppen 15 und 17 (rechts). Im Hintergrund Docks und Getreideanlage; rechts Holz- und Fabrikhafen. (Vergl. Text S. 30.)

das große Werk, für das es in Europa nur ein einziges Vorbild in weit kleinerem Maße gab, allein auf sich. Zu gleicher Zeit führte es den Zollanschluß mit der Bildung von Freibezirken durch und erbaute in Bremen in der Hoffnung auf den Korrektions-Erfolg einen großen Hafen. Gewaltige Lasten und Risiken lud es sich auf. Es wagte und gewann.

Bremen selbst war wieder Hafenplatz. Freilich nur für Frachtschiffe. Aber darauf kam es ja auch im wesentlichen an. Passagiere wollen möglichst nahe dem Meere ein- und aussteigen. Deshalb blieb der Vorhafen Bremerhaven der Platz für die großen bremischen Fahrgastschiffe, muß und wird es immer bleiben. Eine glückliche und sinnvolle Arbeitsteilung. Aber nicht zweier Seehäfen. Ohne Bremerhaven fehlte dem Seehafen Bremen ein wichtiges Glied, die Hafenanlagen für seine großen Schiffe. Ohne Bremen hätte Bremerhaven keine Seele.

Die Zuständigkeit für die Weser ist durch die neue Verfassung auf das Reich übergegangen. Dies hat die bremischen Ziele und Richtlinien anerkannt: Größte Schiffe jederzeit bis Bremerhaven, Regelfrachtschiffe in einer Tide bis Bremen-Stadt und umgekehrt. Das Reich übernahm entsprechende vertragliche Verpflichtungen und führte sie durch. Freilich nur, nachdem Bremen, entgegen dem Sinne der Verfassung, einen erheblichen Teil der Kosten auch für die neuesten Arbeiten beigetragen hat, und obgleich ihm die Verfügung über die früheren Einnahmen durch die Reichs-Steuer-Gesetzgebung und damit die eigene sichere Gestaltung seiner Finanzen genommen ist. Schweren Herzens nahm es diese neuen unerwarteten Lasten auf sich, während andere Hafenplätze wesentlich günstiger behandelt wurden. Aber so setzte Bremen jedenfalls seinen Lebenswillen durch. Die glatte Fahrt des größten deutschen Fahrzeuges, der „Bremen" 1929 in einer Tide von der Werft in Bremen bis in See, war ein Triumph in dem mehr als 700jährigen, zähen Kampfe um die Behauptung eines Naturgeschenkes: der Lage und ihres Wertes; der Sieg des Lebens über den Tod. (Abb. 2.)

3. Die Funktionen.

A. Die Wirtschafts-Funktionen.

a) Handel und Warenverkehr.

Wenn wir uns jetzt den einzelnen Funktionen zuwenden, so ist zuerst die Mittlertätigkeit des Seehafens Bremen im Warenverkehr der Völker zu erörtern. Dem Güterstrom, der durch seine Häfen flutet, läßt es sich ohne nähere Prüfung nicht ansehen, wie weit es sich dabei um Waren aus Eigenhandel, Kommission oder Spedition handelt. Als ein Ganzes tritt er in die Erscheinung. So soll er daher auch hier zuerst betrachtet werden. Die Zahlen der Statistik über Warenmengen, die in Bremen ein- und ausgeführt werden, geben aber noch kein richtiges Bild von dem Umfang und der Bedeutung seiner gesamten Handelstätigkeit. Denn sie erfassen ja nur die Güter, welche Bremen selbst berühren. Der Seehafen in dem hier verstandenen Sinne ist aber, wie eingangs gesagt, nicht passiv wie ein Tor, sondern aktiv; er disponiert. Das zeigt sich hier deutlich am Beispiel des bremischen Handels, der über viele Güter verfügt, die niemals durch die bremischen Hafentore rollen. So alles das, was durch die überseeischen Filialen seiner Handelsfirmen nach Anweisungen der Bremer Zentralen auf Plantagen und in Fabriken erzeugt, was gekauft und verkauft, was in alle Welt versandt und von dort her bezogen wird, vielfach ohne auch nur Europa zu sehen. Hierher gehören auch die großen Mengen und hohen Werte von Gütern, die für bremische Rechnung aus geographischen Gründen über andere benachbarte Häfen reisen. Und zwar gilt das nicht nur für den Eigen-, sondern auch für den Speditionshandel.

Der unsichtbare Handel des Welthafens trägt mit dem Gewinn seiner ausländischen Geschäfte und den Zinserträgen seiner ausgeliehenen Kapitalien erheblich zur Verbesserung der deutschen Zahlungsbilanz bei.

Der Krieg beraubte die Hansestädte vieler Unternehmungen in Übersee. Um so größer aber sind die Dienste, welche das, was noch geblieben ist oder mit frischer

Initiative wieder aufgebaut wurde, der deutschen Wirtschaft und dem deutschen Volke in seinem Ringen um die Selbständigkeit leistet.

Das alles mußte vorausgeschickt werden, bevor der bremische Warenverkehr an Hand der Ziffern seines Statistischen Amtes genannt werden kann, welche also nicht den gesamten Handel, sondern nur die Güter umfassen, die in Bremen selbst ein- und ausgeführt sind.

Tabelle 1.

Die gesamte bremische Waren-Einfuhr und -Ausfuhr dem Gewichte und Werte nach.

Im Durch- schnitt der Jahre	Nach dem Gewichte		Nach dem Gegenwarts-Werte	
	in Netto- Tonnen zu je 1000 kg	Prozentuale Entwicklung	in Mark	Prozentuale Entwicklung
1847/51	458 000	1 00	198 000 000	1 00
1867/71	1 473 000	3 22	683 000 000	3 45
1887/91	3 821 000	8 35	1 276 000 000	6 44
1907/11	10 170 000	22 20	3 658 000 000	18 48
1913	13 034 000	28 46	4 885 000 000	24 70
(1913 ber. Stat.	14 375 000	31 89	ca. 5 450 000 000	ca. 27 50)
1929	15 596 000	34 05	ca. 8 000 000 000	ca. 40 00

Anm.: Die Ziffern bis 1913 sind nicht ganz vollständig. Sie entsprechen aber den früheren amtlichen Statistiken. Die Klammerzahlen geben die nachträgliche Berichtigung. Die Wertzahlen 1913-Berichtigung und 1929 können nur annähernd angegeben werden.

In der ihnen eigenen umfassenden und doch knappsten, allerdings herben Form künden diese Zahlen namhaften Verkehrsumfang und kräftige Entwicklung. Einen Maßstab, um ihre Bedeutung richtig zu erkennen, bietet die Gegenüberstellung mit dem Gesamthandel verschiedener Länder, wobei mit Rücksicht auf die Länder-Statistiken wieder nur die Werte zu Grunde gelegt werden können. Das Ergebnis zeigt die Abb. 4. Bremen hatte 1929 wieder einen Warenverkehr, mit dem es den Niederlanden und Italien, den 8. und 9. größten Handelsländern der Erde, gleichstand, und damit denselben Rang wie 1913.

Die bisher besprochenen Ziffern umfassen die gesamte Ein- und Ausfuhr. Sie enthalten also auch die land- und flußwärts beförderten Waren und die Güter des Seeverkehrs vielfach im Landtransport noch einmal. Das gilt jedoch für die Länder nicht minder. Was z. B. Genua seewärts einführt und unverzüglich mit der Bahn nach der Schweiz weiterbefördert, zählt Italien sowohl in der Ein- wie in der Ausfuhr. Genau so werden die Güter, die von Deutschland über Rotterdam oder Antwerpen nach Übersee reisen und in diesen Häfen umgeschlagen werden, in der Statistik der Niederlande und Belgiens zweimal erfaßt.

Der reine Seegüterverkehr Bremens ergibt sich aus der Abb. 5 und der folgenden

Tabelle 2.

Der bremische See-Güterverkehr in Einfuhr und Ausfuhr dem Gewichte und Werte nach.

Im Durch-schnitt der Jahre	Nach dem Gewichte		Nach dem Gegenwarts-Werte	
	in Netto-Tonnen zu je 1000 kg	Prozentuale Entwicklung	in Mark	Prozentuale Entwicklung
1847/51	211 000	1 00	96 000 000	1 00
1867/71	761 000	3 60	371 000 000	3 86
1887/91	2 079 000	9 85	716 000 000	7 46
1907/11	5 593 000	26 50	2 150 000 000	22 40
1913	7 167 000	33 97	2 835 000 000	29 53
1919	1 092 000	5 18	Inflation	
1929	6 837 000	32 40	3 920 000 000	40 83

Die Aufwärts-Entwicklung ist hier bis 1913 noch stürmischer als bei der gesamten Warenein- und -ausfuhr. Der Weltkrieg 1914/18 brachte einen furchtbaren Rückschlag. Das kommt in der Tabelle 2 deutlich zum Ausdruck. 1919 war Bremens See-Güterverkehr auf den Stand von vor 40 Jahren zurückgeschleudert. Aber in 10 weiteren Jahren gelang es, den Stand von 1919 mehr als zu versechsfachen. Die Vorkriegsmenge war 1929 bis auf 330 000 t oder 4½% wieder erreicht.

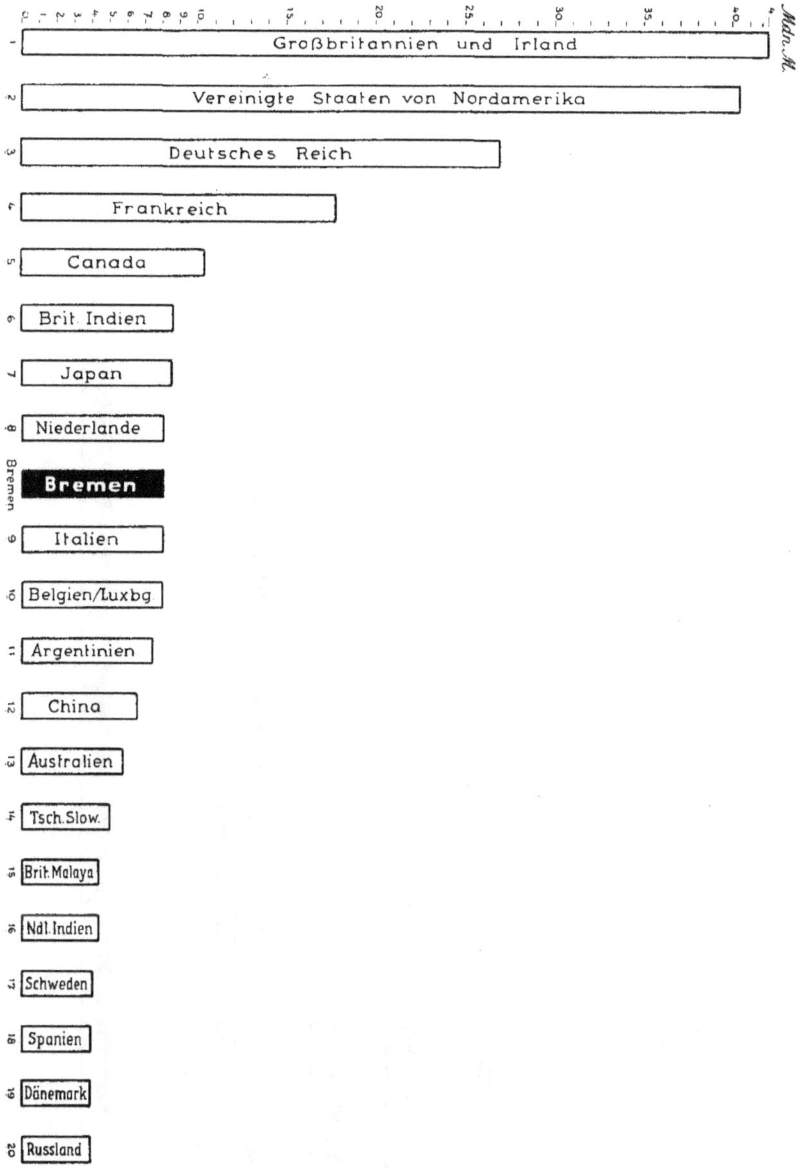

Abb. 4: Bremens Handel
im Vergleich mit den 20 größten Handelsländern der Erde nach Werten der gesamten Ein- und Ausfuhr 1929 (China und Niederl.-Indien 1928).
(Vergl. Tabelle 1, S. 19.)

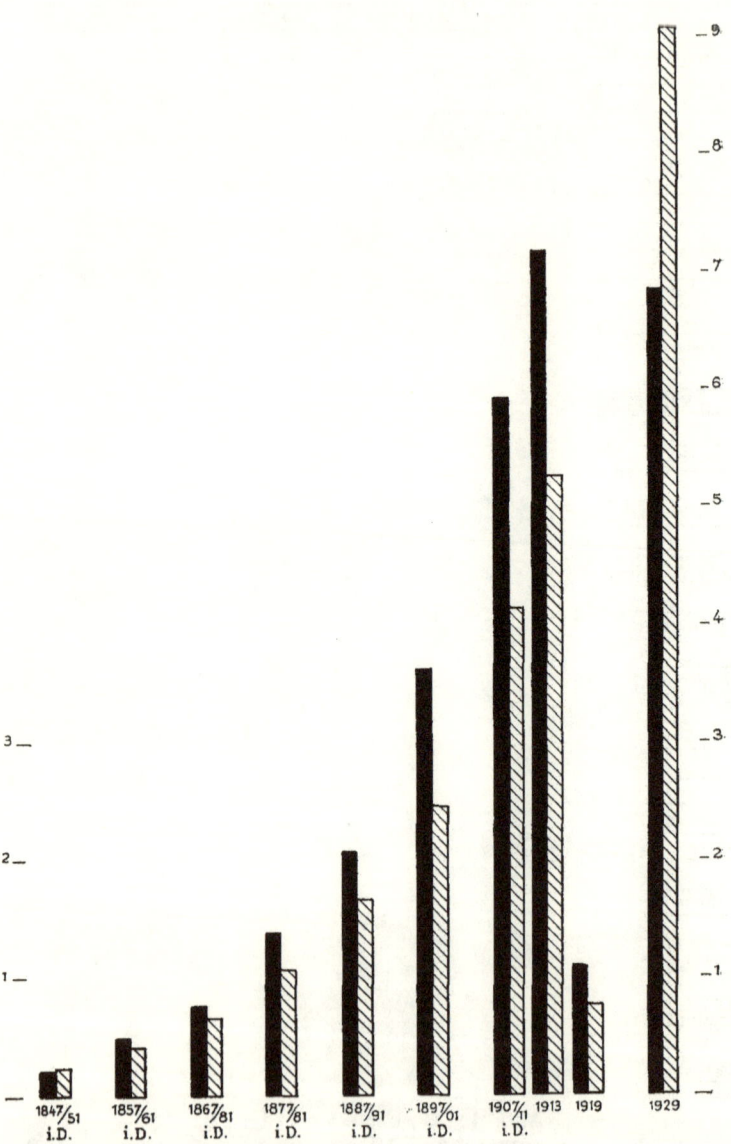

Abb. 5: Die Entwicklung des bremischen Seeverkehrs von 1847/1929

1) nach dem seewärtigen Güterverkehr der Ein- und Ausfuhr zusammen in Gewichtstonnen (t) zu 1000 kg; (geschlossen)
2) nach dem Rauminhalt der angekommenen Schiffe in Netto-Register-Tonnen (NRT); (schraffiert). (Vergl. Tabelle 2, S. 20 und Tabelle 4, S. 26.)

Der Binnenhandel nebst dem inländischen Bezug und Empfang der Industrien war durch den Krieg und seine Folgen natürlich nicht entfernt so schlimm getroffen wie der Seehandel. Außerdem war die Bevölkerung durch den Zuzug von Arbeitskräften für die Werften und andere Industrien gewachsen. Der Mittellandkanal eröffnete neue Möglichkeiten im Flußschiffsverkehr. So erklärt es sich, daß der Gesamtverkehr gemäß Tabelle 1 für 1929 schon eine größere Menge aufweist als 1913, während der Seeverkehr noch den erwähnten kleinen Ausfall zeigt.

Im ganzen beträgt, rund gerechnet, der See-Güterverkehr reichlich die Hälfte der gesamten bremischen Warenbewegung. Hiermit hatte Bremen 1929 allein zur See die gesamte Ein- und Ausfuhr zu Land und See von Spanien wieder erreicht, von den Riesenreichen Rußland und Brasilien übertroffen.

Eine Spezifikation des in Tabelle 2 nur in der Gesamtzahl angegebenen Seegüterverkehrs bringt Tabelle 3, und zwar getrennt nach Einfuhr und Ausfuhr sowie nach Erdteilen.

Tabelle 3.

Bremens See=Güter=Verkehr nach Einfuhr und Ausfuhr sowie Herkunfts= und Bestimmungs=Gebieten.

a) Einfuhr.

Aus	1913 Tonnen zu 1000 kg	1913 Wert in 1000 RM.	1929 Tonnen zu 1000 kg	1929 Wert in 1000 RM.
dem Deutschen Reich	654 809	151 597	193 098	76 585
dem übrigen Europa	1 666 321	262 276	1 611 895	519 547
ganz Europa ...	2 321 130	413 873	1 804 993	596 132
Amerika	1 473 409	1 013 321	1 696 348	1 415 102
Afrika	176 191	57 088	271 589	129 563
Asien	300 340	116 000	202 477	90 996
Australien und Inseln	97 225	108 490	58 240	188 804
Übersee (Außereuropa)	2 047 165	1 294 899	2 228 654	1 824 465
Europa (s. o.) ...	2 321 130	413 873	1 804 993	596 132
Zusammen	4 368 295	1 708 772	4 033 647	2 420 597

b) Ausfuhr.

Nach	1913 Tonnen zu 1000 kg	1913 Wert in 1000 RM.	1929 Tonnen zu 1000 kg	1929 Wert in 1000 RM.
dem Deutschen Reich	542 262	238 035	167 787	94 587
dem übrigen Europa	561 234	368 138	819 044	593 467
ganz Europa	1 103 496	606 173	986 831	688 054
Amerika	719 897	378 499	725 750	577 774
Afrika	21 128	7 638	106 425	39 090
Asien	127 435	63 484	416 212	162 718
Australien und Inseln	109 780	50 872	14 980	10 351
Übersee (Außereuropa)	978 240	500 493	1 263 367	789 933
Europa (s. o.) ...	1 103 496	606 173	986 831	688 054
Zusammen	2 081 736	1 106 666	2 250 198	1 477 987
Zur Ausrüstung der Handelsflotte ...	716 924	20 055	552 719	21 159
Insgesamt	2 798 660	1 126 721	2 802 917	1 499 146

Die Einfuhr überwiegt. Die Ausfuhr erreichte 1929 nach Menge und Wert nur etwa zwei Drittel der Einfuhr. Das ist leicht erklärlich, da die Rohstoffe des Imports größeren Umfang haben als die Fertigwaren des Exports.

Außer-Europa weist im ganzen höhere Ziffern auf als unser Erdteil: Ein Beweis für die Weltweite der Handelsbeziehungen. Innerhalb Europas spielt der Küstenverkehr mit dem Deutschen Reich nur eine ziemlich geringe Rolle: Ein Zeichen für die Unabhängigkeit Bremens von anderen Häfen des Reiches. Etwa 96% seines See-Güterverkehrs empfängt und versendet Bremen mit direkten Schiffsverbindungen.

Die Ausfuhr nach dem übrigen Europa weist einen kräftigen Fortschritt auf. Daran sind sowohl die nördlichen wie die südlichen Länder beteiligt.

Führend im Amerika-Verkehr sind natürlich die Vereinigten Staaten. Doch sind auch Südamerika und neuerdings ebenfalls Mittelamerika mit beträchtlichen Ziffern vertreten.

Recht erfreulich ist die Entwicklung des Afrika- und ausgehend auch des Asien-Geschäftes. Der Export nach Afrika stieg auf das 5-, der nach Asien auf das 3½fache der Vorkriegsmengen. Diese Gebiete ebenso wie manche europäische Länder bieten dem deutschen Volk in seinem schweren Kampf um den Absatz seiner Produkte und die Herauswirtschaftung der Kriegstribute die besten Gelegenheiten. Umgekehrt begegnet die Ausfuhr nach Australien besonders großen Schwierigkeiten. Dort hielt man ja auch am längsten die Kriegsmaßnahmen gegen den deutschen Handel im Frieden noch aufrecht.

Wie alle Erdteile und Länder, so umfaßt Bremens Seehandel auch alle Artikel. Freilich in verschiedenem Maße. Charakteristisch ist der hohe Durchschnittswert seiner Güter. Ein Beispiel:

Bremen führte 1929 einschließlich Schiffsbedarf rd. 530 000 t Kohlen aus. Der Wert ist mit 10,6 Mill. Mark angegeben, mithin i. D. RM. 20.—/t. Wenn man sich einmal den Wert der gesamten See-Ausfuhr des letzten Berichtsjahres in Kohlen vorstellen will, so ergibt sich also eine Menge von 75 Mill. t. Das ist annähernd dreimal soviel wie die Steinkohlenausfuhr des Deutschen Reiches zu Wasser und zu Lande im gleichen Jahre und entspricht fast genau der Kohlenausfuhr der beiden größten Kohlenländer Europas, Großbritanniens mit Irland und Deutschlands zusammengenommen im Jahre 1928.

An Eisenerz führte Bremen 1929 238 000 t für 4 105 000 Mark ein. Also ein Durchschnittswert von 17,2 Mark für die Tonne. Stellt man sich den ganzen bremischen Einfuhrwert zur See in Eisenerz vor, so ergibt sich eine Menge von 140 Mill. t. Mehr als das achtfache der deutschen und als das dreifache der Einfuhrmengen aller Länder der Erde im Jahre 1929.

140 Mill. t Eisenerz-Einfuhr und 75 Mill. t Steinkohlen-Ausfuhr! Das muß man sich vor Augen halten, wenn man vom Standpunkt der Handels- und Verkehrspolitik Bremen betrachtet und mit Häfen vergleicht, deren Haupttätigkeit im Umschlag dieser typischen Massengüter liegt. Womit

keineswegs die Bedeutung solcher Massengüter an sich und als wichtige Basis für einen großen Seehafen geschmälert werden soll.

Der wichtigste Handelsartikel Bremens ist die Baumwolle. Es ist seit Jahrzehnten größter Baumwollmarkt des europäischen Festlandes und hatte sogar in der Saison 1927/28 Liverpool, den bislang größten Baumwoll-Import-Hafen der Welt, übertroffen. Im Kalenderjahre 1927 führte es 2 890 000 Ballen ein, aneinandergereiht eine Baumwollkette von 4330 km durch ganz Europa von Gibraltar bis zur Wolga. Dem Gewichte nach waren es 633 000 t im Werte von 938 Mill. Mark. (Vgl. Abb. 7.)

In den letzten Jahren ging allerdings die Zufuhr zurück. 1929 waren es nur 446 000 t und 839 Mill. Mark gegen 514 000 t 1913 mit 652 Mill. Mark. Dieser Rückgang ist aber nur die Folge der allgemeinen Spinnstoffkrise, nicht etwa ein Verlust zu Gunsten anderer Häfen.

Auch für Wolle ist Bremen der größte deutsche Markt. Hier finden regelmäßige wöchentliche Börsenverkäufe von Wolle und Wollabfällen statt. Eine Einrichtung, über die kein anderer deutscher Platz verfügt. Die Einfuhrmenge der Wolle bleibt allerdings erheblich hinter derjenigen der Baumwolle zurück. Sie konnte aber 1929 die Vorkriegsziffer um mehr als 11% übertreffen. Textil-Rohstoffe sind die weitaus wichtigste Gruppe der deutschen Einfuhr mit einem Anteil von 13,9% im Jahre 1929, während die nächste Gruppe, Ölfrüchte und Ölsaaten, noch nicht einmal die Hälfte, 6,4%, aufwiesen. (Vgl. Abb. 8.)

Es würde zu weit führen, auch nur alle wichtigeren Güter zu nennen. Nur einige müssen noch kurz gestreift werden. Getreide folgt an 3. Stelle des Wertes, während es im Gewicht bei weitem an der Spitze steht.

Allgemein bekannt ist Bremen im Tabak. Weniger sein großer, althergebrachter Holzhandel. Kaffee erfreut sich einer kräftigen Belebung in der Nachkriegszeit. Der Bremer „Rotspon" ist berühmt. Allein in einzelnen Kellern lagert mehr Wein als in verschiedenen preußischen Provinzen. Aber Bremen handelt nicht nur mit Rotweinen, sondern in steigendem Maße auch mit südeuropäischen und afrikanischen in der Einfuhr und mit deutschen Weinen in der Ausfuhr. Sprunghaft sind die Südfrüchte gestiegen, besonders Bananen. Der Bedarf der nordischen Länder an diesen Früchten wird über Bremen gedeckt. Aber das ist nur ein Bruchteil des Imports für das Festland. Reis wurde schon genannt. Endlich müssen noch Metalle, Garne, Pelze und Felle, Jute, Nüsse, Öle und Saaten, Mehl und Zellulose erwähnt werden.

Die Ausfuhr umfaßt alle Erzeugnisse des deutschen Gewerbefleißes. Fast die Hälfte besteht aus Gütern, die vorwiegend im rheinisch-westfälischen Industriegebiet hergestellt werden. Metalle, Metallwaren und Maschinen stehen im Wert an der Spitze. Genannt seien ferner Lederwaren, Pelzwerk, Baumwolle und Wolle nebst Fabrikaten daraus, Papier und Pappen, Spielzeuge, Hüte, Mehl, Baumaterialien und der Menge nach sogar recht erheblich und ansteigend Kali und andere Salze. Der bremische Ausfuhrwert an Bier ist erheblich höher als die Hälfte der gesamten deutschen Bierausfuhr.

b) Seeschiffahrt und Personenverkehr.

Dreierlei hat Bremens Seeschiffahrt mit seinem Handel gemeinsam: Ehrwürdiges Alter, frisches Leben, weltweite Bedeutung. Und zwar — auch darin liegt eine Parallele zum Handel — in doppelter Hinsicht: In dem Verkehr und den Linien seines Hafens selbst, vergleichbar dem eigenen Warenverkehr, und in den Schiffahrtsdiensten, die es als Mittler im Weltverkehr anderen Ländern leistet, ähnlich dem unsichtbaren Handel. Diese doppelte Funktion tritt bei der Schiffahrt noch deutlicher zu Tage als beim Handel. Sie gruppiert sich um die Begriffe Schiffsverkehr und Flotte. Da letztere aber nicht eigentlich Funktion sondern Instrument der Organe, der Reedereien, ist, soll sie im Zusammenhang mit diesen besprochen werden.

Hier können wir uns also auf den Schiffsverkehr und die Dienste beschränken, die er Waren und Reisenden im Seehafen Bremen bietet.

Bei der Erwähnung Waren und Reisende stoßen wir auf einen wichtigen Unterschied zwischen Handel und Schiffahrt. Seit der Abzweigung der Reederei vom früher alles umfassenden Kaufmanns-Geschäfte erhält im allgemeinen die Reederei vom Handel das Gut. Um die Heranziehung der Reisenden aber bemüht sich die Schiffahrt selbst. Deshalb muß der Personenverkehr auch im Zusammenhang mit ihr behandelt werden.

Eine Übersicht über Bremens Seeschiffsverkehr gibt

Tabelle 4

Der bremische Seeschiffsverkehr nach der Zahl und dem Rauminhalt (Netto-Register-Tonnen) der angekommenen Schiffe mit Herkunfts- und Bestimmungs-Gebieten.

Angekommen von	1847/51		1887/91		1913		1919		1929	
	Schiffe	1000 NRT	Schiffe	1000 NRT	Schiffe	1000 NRT	Schiffe	1000 NRT	Schiffe	1000 NRT
Deutschland	1328	48	1159	147	3071	1068	908	279	2469	2128
übrig. Europa .	951	98	1249	481	1946	1416	531	314	2715	2110
Europa zus. .	2279	146	2408	628	5017	2484	1439	593	5184	4238
Amerika.......	257	82	457	840	538	2180	40	129	800	3580
Asien.........	13	4	108	185	95	298	—	—	154	643
Afrika	8	2	16	32	65	96	—	—	184	350
Australien u. Inseln.					40	163	—	—	53	223
Uebersee . .	278	88	581	1057	738	2737	40	129	1191	4796
Europa . . .	2279	146	2408	628	5017	2484	1439	593	5184	4238
Hochseefischerei . .					568	30	628	43	599	55
Zusammen. .	2557	234	2989	1685	6323	5251	2107	765	6974	9089
Abgegangen: nach										
Deutschland	1340	47	1405	188	3092	1101	941	311	2284	2056
übrig. Europa . . .	950	88	1478	754	2250	1959	602	544	3094	2536
Europa zus. .	2290	135	2883	942	5342	3060	1543	855	5378	4592
Amerika.......	291	103	307	653	360	1744	10	26	557	2722
Asien.........	5	2	27	54	43	163	—	—	313	1326
Afrika	12	3	17	34	20	32	—	—	102	205
Australien u. Inseln.					43	176	—	—	31	140
Uebersee . .	308	108	351	741	466	2115	10	26	1003	4393
Europa . . .	2290	135	2883	942	5342	3060	1543	855	5378	4592
Hochseefischerei .					586	31	618	43	414	36
Zusammen. .	2598	243	3234	1683	6394	5206	2171	924	6795	9021

Die Entwicklung von 1847/51 bis 1913 stellt sich nach dem Rauminhalt der Fahrzeuge auf 100 : 2243, bis 1929 auf 100 : 3880. Im ganzen eine ähnliche Entwicklung wie im Güterverkehr; aber doch bemerkenswerte Unterschiede. Bis 1913 bleibt die Zunahme geringer; nach dem Krieg dagegen zeigt sich eine sehr erhebliche weitere Steigerung, und zwar um 73%, während die Warenmengen den Vorkriegsstand noch nicht wieder erreichten. Das erklärt sich so: Bis zum Kriege gelang eine ständig zunehmende Ausnutzung des Schiffsraumes. Nach dem Kriege zwang die Not und führte eine verständige Zusammenarbeit dazu, dieselben Schiffe vielfach von der Weser und Elbe abzufertigen. Vergl. dazu Abb. 5.

Wenn man die Ziffern von 1919 betrachtet — kein Schiff nach Asien, Afrika, Australien und der Südsee, ganze 10 nach Amerika —, so sollte man glauben, Bremen wäre vernichtet. Aber nach 10 Jahren waren es statt 10 Schiffen mit 26 000 NRT. nach Außer-Europa 1003 Fahrzeuge mit 4 393 000 NRT.!

Im Jahresdurchschnitt 1929 liefen täglich 19 Seeschiffe mit einem Raumgehalt von rd. 25 000 NRT. sowohl ein wie aus. Das heißt Tag aus Tag ein alle 38 Minuten ein Seeschiff von durchschnittlich 1300 Netto-Reg.-Tonnen. Praktisch drängt sich aber infolge Ebbe und Flut der größte Teil des Verkehrs auf täglich etwa 8 Stunden zusammen.

Die Anzahl der direkten regelmäßigen Schiffslinien Bremens stieg um mehr als 80 Prozent gegenüber 1913. Sie stellte sich 1929 auf 108. Die Schiffslinien verbinden es durch erstklassige Fahrzeuge in häufigen Diensten mit jährlich etwa 4000 regelmäßigen Abfertigungen mit fast allen nennenswerten Häfen des Erdballes. (Abb. 10.)

Die Flaggen aller Nationen wehen in den bremischen Häfen. Die deutsche führt wie 1913 mit 67%.

Der Fahrgastverkehr Bremens geht schon weit zurück. Als die Lostrennung der Vereinigten Staaten von England der Auftakt zu einer neuen Völkerwanderung von Ost nach West über den Atlantischen Ozean wurde, gewannen sehr bald die Bremer Schiffe — damals natürlich noch Segler — einen hohen Ruf wegen ihrer Seetüchtigkeit, Größe und guten Verpflegung. Schiffe und Auswanderer blieben dieser Tradition treu. Im Durchschnitt der fünf Jahre 1837/41 wanderten 11 800 Personen über Bremen aus, 1887/91 jährlich 105 000 und 1913 240 000. Millionen von Menschen, besonders Polen und andere slawische Völker, suchten über Bremen den Weg in eine neue glücklichere Zukunft. Es war vor dem Kriege der größte Auswandererhafen der Welt. Dazu kamen 83 000 sonstige Reisende, sodaß die Gesamtzahl der Übersee-Fahrgäste in einem einzigen Jahre 323 000 betrug, ebensoviel wie die gesamte Bevölkerung des Stadtstaates, also einschl. Bremerhaven, Vegesack und Landgebiet.

Die politischen Umwälzungen der Nachkriegszeit und die starken Einschränkungen der Einwanderung nach den Vereinigten Staaten ließen die Auswandererzahl von 1929 auf 42 000, mithin nur 18% von 1913, herabsinken. Wieder war Bremen eine tiefe Wunde geschlagen. Aber es stellte sich sofort auf die Erfordernisse der neuen Zeit ein. Durch neuartige Schiffe gelang es 1929, in der Anzahl der Reisenden ohne Auswanderer die Vorkriegsziffer trotz allem von 83 000 auf 92 000 zu erhöhen und insgesamt 134 000 Fahrgäste zu erreichen. Damit war Bremen wieder der größte deutsche Hafen im überseeischen, d. h. außereuropäischen Personenverkehr. Seitdem haben die berühmten Schnelldampfer des Lloyd-Expreß-Dienstes nach New York, „Bremen", „Europa" und „Columbus", eine weitere Steigerung auf dieser Hauptreiseroute gebracht.

c) Güterumschlag und Passagier-Abfertigung.

Nirgendwo spürt man den Pulsschlag des Welthafens stärker als beim Güterumschlag und bei der Ein- und Ausschiffung der überseeischen Fahrgäste. Die Riesenleiber der Ozeanfahrer, die durch den Kontrast mit den jagenden Hafenschleppern nur noch gewaltiger erscheinen, die rasselnden Winden, das Gewirr von Kränen, andererseits das fröhliche Winken von Touristen neben dem herzerweichenden Abschied der Auswanderer sind Bilder, die nicht nur den Fremden faszinieren, sondern auch das Auge des seit Jahrzehnten daran Gewöhnten immer neu fesseln.

Der Güterumschlag.

Der Umschlag liegt auf der Grenze der wirtschaftlichen und der Verwaltungs-Funktionen, wie im allgemeinen Teil ausgeführt war. Das Beispiel Bremen bestätigt das besonders deutlich. In der Kaufmannsstadt war man sich von Anfang an darüber klar, daß eine für die Gesamtheit des Seehafen-Organismus so wichtige Funktion wie der Umschlag, der mit Handel, Schiffahrt und internationalem Wettbewerb aufs engste verflochten ist, auf diese abgestimmt und daher mit der nötigen Elastizität ausgestattet, also in kaufmännischer Form durchgeführt werden muß. Andererseits durfte man aber auch die Vorteile nicht preisgeben, die staatlichen Betrieben eigen sind, vor allem die Wahrung des Allgemein-Interesses und die Neutralität. Aus diesen beiden wichtigen Gesichtspunkten ergibt sich im Seehafen Bremen ein vielleicht vom theoretischen Standpunkt kompliziertes, aber in der Praxis einfaches Nebeneinander-Arbeiten von Privatwirtschaft und Staat. Dabei hat man sich von jedem Schematismus so weit freigemacht, daß die Abgrenzung der beiderseitigen Tätigkeit in den bremischen Hafengruppen Bremen-Stadt und Bremerhaven wesentliche Unterschiede aufweist, und daß sie innerhalb der einzelnen Hafengruppen je nach dem besonderen Zweck verschieden ist.

Als allgemeine Grundsätze wird man etwa folgendes feststellen können: Die rein kaufmännischen Funktionen, wie besonders die Stauerei — das ist die Verpackung der Güter im Schiff —, die sonstige Bearbeitung der Güter, die Küperei, das Bugsieren und Schleppen der Schiffe, werden überall ausschließlich privatwirtschaftlich betrieben. Die Hafenbecken werden sämtlich vom Staate Bremen gebaut, ebenfalls die Ufereinrichtungen in denjenigen Häfen, die dem allgemeinen Verkehr dienen, während sich die Fabriken und privaten Firmen ihre Anlagen am Wasser meistens selbst schaffen. Doch hat hierbei der Staat ein Aufsichtsrecht. Manchmal führt er auch Anlagenteile für Rechnung der Privaten durch. (Abb. 3, 12, 17, 18.)

Der Umschlag in den stadtbremischen Häfen des öffentlichen Verkehrs wird in einer besonderen Form, nämlich mit Hilfe der Bremer Lagerhaus-Gesellschaft, privatwirtschaftlich durchgeführt, bei der durch Beteiligung des Staates und dessen Recht auf Aufsicht und Festsetzung der Gebühren die Allgemeininteressen gewahrt sind. Näheres darüber wird unter den Organen zu besprechen sein.

Zu den Aufgaben der Bremer Lagerhaus-Gesellschaft gehört der Betrieb der Hebezeuge mit dem Auf- und Absetzen der Güter, das Ein- und Ausladen der Waggons, die Lagerung in den Kaje-(Ufermauer-)Schuppen und zum Teil auch die Lagerei in Speichern. Sie bewirtschaftet ferner die öffentliche Getreide-Verkehrslage. (Abb. 15.)

Einzelne Anlagen der Häfen in Bremerhaven sind an den Norddeutschen Lloyd vermietet, die Bananen-Anlage in Bremerhaven an eine Fruchtfirma und die Kali-Anlage in Bremen an das Deutsche Kali-Syndikat. Im übrigen werden die Häfen in Bremerhaven vom Staat verwaltet. Dieser läßt den Umschlag aber durch die Deutsche Reichsbahn-Gesellschaft durchführen, die sich ihrerseits wieder für einen Teil der Arbeit einer großen Stauereifirma bedient.

Zu den reinen Verwaltungsfunktionen gehört der wichtige Betrieb der Hafenbahn, den der bremische Staat noch bis vor kurzem in den Häfen in Bremen selbst ausübte, während jetzt die Durchführung überall der Deutschen Reichsbahn-Gesellschaft, aber für Rechnung des bremischen Staates, übertragen ist. Staatliche Angelegenheit ist das ganze Gebiet der Hafenpolizei mit all ihren mannigfachen Einzelheiten und die Anordnung der Liegeplätze, wobei die Umschlagsfirmen gehört werden.

Abb. 6: Direkter Stückgut-Umschlag von Bahn zu Schiff im älteren Teil des Bremer Freihafens II, 3 Gleise. (Vergl. Text S. 32.)

Abb. 7: Entlöschen von Baumwolle am neuen Schuppen 15 im Bremer Freihafen II. Leistung aus einem Schiff in 7 Stunden 10 400 Ballen (aneinander gereiht 16 km) oder 25 Ballen je Minute. (Vergl. Text S. 31.)

Abb. 8: Wolle in Schuppen 17. (Vergl. Text S. 31.)

Abb. 9: Die Kaje vor Schuppen 15 und 17.
(Beachte die 4 Gleise und die breite Verladebühne, sowie besonders die schonende Umschlagsart mit Hilfe der Böcke. (Vergl. Text S. 31.)

In dem Zusammenwirken so vieler Faktoren kommt es selbstverständlich auf alle einzelnen Arbeitskräfte und ihre Sorgfalt an. Sachkunde und lange Erfahrung erfordert die Behandlung der Baumwolle. Die aus dem Seeschiff gelöschten Ballen können nicht einfach in Waggons oder Binnenschiffe übergeladen werden. Sie müssen sämtlich sofort in den Kajeschuppen. Dort werden sie bemustert, gewogen und Proben aus ihnen gezogen. Während diese in schnellen Autos zu den Kontoren fahren, müssen die einzelnen Ballen auf ganz bestimmte, schon vor der Ankunft der Dampfer für sie markierte Plätze verteilt werden. Auch wenn ein Schuppen z. B. 20—30 000 Ballen auf einmal enthält, muß jeder einzelne Ballen schnell auffindbar, sofort greifbar und leicht abzutransportieren sein, was durch Einteilung der Schuppen in Buchstaben-Felder einfach erreicht wird. (Abb. 7 und 8.)

Nicht geringere Anforderungen stellt die Behandlung von Tabak, Wein und Früchten usw. Je zuverlässiger die Arbeit im Umschlag, je seltener die Beanstandungen, desto größer ist der Erfolg des Hafens. (Abb. 9 und 11.)

80 Prozent aller Güter kommen oder gehen in Bremen binnenwärts mit der Bahn. Natürlich ist es vorzuziehen, wenn die Ware mit einer Bewegung vom Waggon in das Schiff abgesetzt werden kann, um erst wieder in Buenos Aires oder Singapore angefaßt zu werden. Das setzt voraus, daß die Waggons unmittelbar neben das Schiff rollen können und nicht etwa auf der Landseite der Schuppen entladen werden müssen, wodurch alles Gut gezwungen würde, den Schuppen zu passieren. Andererseits können aber nicht entfernt alle Waggons zu gleicher Zeit neben dem Schiff Aufstellung finden. Denn ein normaler Übersee-Frachter faßt 10—12 000 t oder noch mehr. Wenn ihm die Hälfte davon in einem Hafen mit der Bahn zugeführt wird, so bedeutet das 375 Eisenbahnwagen zu je 15 t. Sie müssen also nacheinander herangeführt und nach Entleerung wieder abgefahren werden, und zwar ohne auf ihrem Wege zu dem einen Schiff den Umschlag der anderen zu stören. Die Wagen müssen rechtzeitig da sein.

Andererseits sollen sie aber auch nicht zu früh ankommen, weil die Bahn für verspätete Zurückgabe hohes Standgeld beanspruchen müßte. (Abb. 6.)

Gewisse Verzögerungen sind in der Seefahrt unvermeidlich, besonders durch schweres Wetter, Nebel oder unvorhergesehene Verspätung in einem anderen Hafen. Es ist daher in manchen Fällen unerläßlich, das Gut zunächst in den Kajeschuppen zu lagern, um die Waggons frei zu geben. Noch mehr gilt das in dem umfangreichen Sammelladungsverkehr, wo ja der gleiche Eisenbahnwagen verschiedene Partien Waren und oft für verschiedene Dampfer mit verschiedenen Abfahrtstagen enthält, die nur deshalb zusammenreisen, weil ihre gemeinsame Fahrt billiger ist. Diese z. T. von Zufälligkeiten abhängenden Lagerungen dürfen die Transportkosten jedoch nicht verteuern. Eine Fülle sorgfältigster Kleinarbeit gehört dazu, alle einzelnen Sendungen den Bedürfnissen gemäß möglichst zweckmäßig zu disponieren, in erster Linie eine der wichtigen Aufgaben der Spediteure im Zusammenwirken mit demjenigen, der den Hafenbetrieb führt.

Im Bremer Freihafen II ist es trotz aller dieser Schwierigkeiten erreicht, im Jahresdurchschnitt 1929 70 Prozent und 1930 sogar 71 Prozent aller Güter, und zwar in diesem Hafen alles Stückgüter, die mit der Bahn ankommen, trotz schnellster Abfertigung der Schiffe unmittelbar in einer einzigen Bewegung vom Waggon in das Seeschiff zu überführen, eine Rekordleistung, die kaum in einem anderen Hafen wiederzufinden sein dürfte.

Einzelne Güter wie Getreide, Kali, Wein, Öl, Kohlen und Erze erfordern eine besondere durch ihre Eigenart bedingte Behandlung. So muß z. B. das lose mit Binnenschiffen oder der Bahn ankommende Kali vielfach gesackt ins Seeschiff verladen werden. Umgekehrt bei der Getreide-Einfuhr. Dabei verlangen die Absender oder Empfänger jeweils besonders gezeichnete und verschieden große Säcke. Selbstverständlich muß ihr Inhalt gewogen sein. Auch dadurch dürfen Stockungen nicht eintreten.

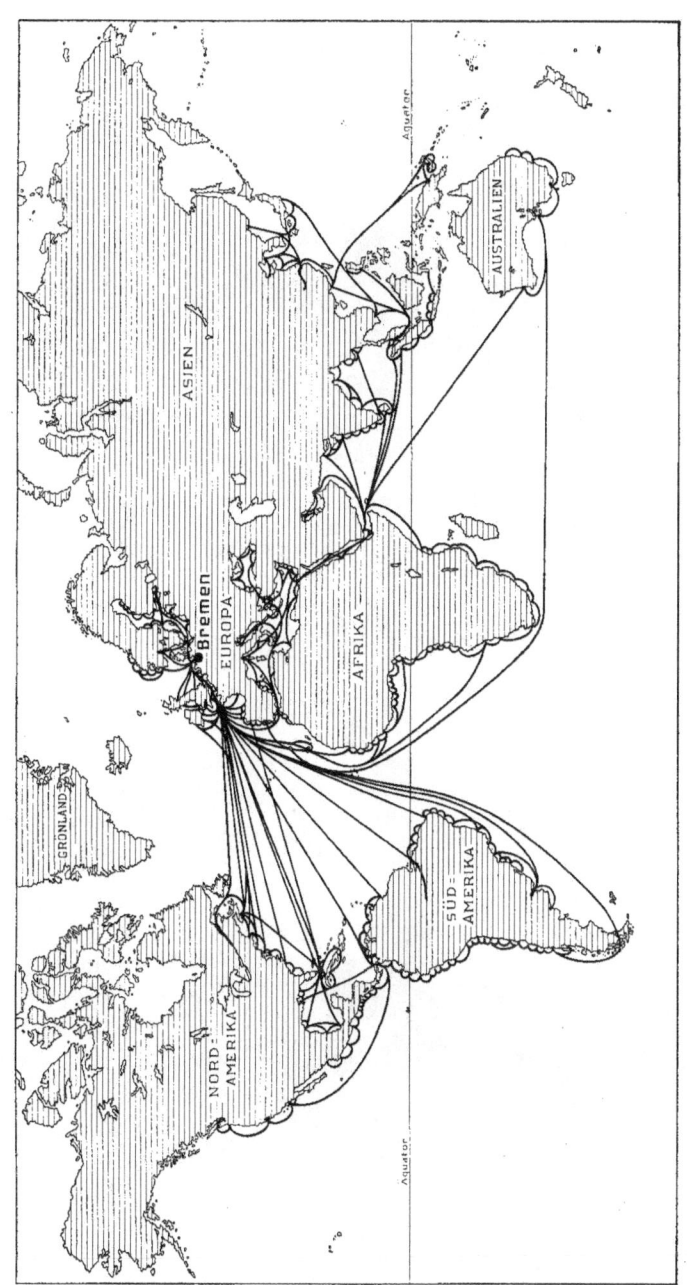

Abb. 10: Das Liniennetz der von Bremen ausgehenden regelmäßigen direkten Seeschiffs-Verbindungen. (Vergl. Text S. 27.)

Abb. 11: Fahrbare mechanische Einrichtung zum Stapeln im Freihafenspeicher. (Vergl. Text S. 31.)

Abb. 12: Blick in den Bremer Holz- und Fabrikhafen.
Links Holzschuppen, rechts Getreide- und Ölmühlen. (Vergl. Text S. 30.)

Ohne das Laden oder Löschen zu stören, muß das Schiff ausgerüstet, insbesondere mit Bunkerkohlen oder -öl, mit Frischwasser und Proviant versorgt werden.

Die Passagier-Abfertigung.

Anders die Passagier-Abfertigung. Der Verwöhnteste soll den Übergang vom schwimmenden Hotel in den Sonderzug viel bequemer haben, als es ihm in irgend einer Stadt geboten wird. Trotz des Grenzüberganges mit seinen Zollformalitäten. Er braucht eigentlich nur die Koffer zu packen und die nächste Adresse anzugeben. Alles andere wickelt sich in völliger Ruhe wie selbstverständlich ab. Er empfängt noch an Bord den Besuch seiner Angehörigen und Freunde, die ihn in Empfang nehmen, geht gemächlich, unbeschwert durch Koffer, mit ihnen über den breiten, überdachten Laufsteg an Land. Nach einem wehmütigen Abschiedsblick zu dem stolzen Riesen schlendert er in die große, breite Zollhalle. In der Gruppe seines weithin sichtbaren Anfangs-Buchstabens stehen seine Koffer schon bereit, die auf laufendem Band, selbstverständlich auch überdacht, hierhergeleitet sind. Er erledigt die Zollkontrolle, die in höflichster Weise durchgeführt wird. Alles ist so organisiert, daß langes Warten nicht in Betracht kommt. Wenige Schritte weiter, selbstverständlich ohne Perron-Treppen, findet er den Sonderzug seiner Gruppe, der ihn von Bremerhaven bis Bremen oder auch direkt mit Schlafwagen ins Inland bringt.

Viele Reisende kommen mit eigenen Kraftwagen. Andere mieten Autos für ihren europäischen Aufenthalt. Auch für diese Bedürfnisse ist gesorgt.

Wer noch schneller weiter will, läßt von See telegraphisch seine Wünsche aufgeben, fährt vom Schiff in wenigen Minuten im bereitstehenden Kraftwagen zum Flugplatz, wo die vorverfügten Maschinen für ihre verschiedenen Routen startbereit sind.

Ähnlich umgekehrt. In bestimmten Abständen rollt ein Sonderzug nach dem anderen, von Bremen kommend, auf dem Columbus-Bahnhof in Bremerhaven ein. Ein Heer von Lloydbeamten steht zum Empfang bereit. Reibungslos, ohne Schwierigkeiten und Plackereien gehen in kurzer Zeit 2000 Menschen vom Land an Bord. Kräne wie Urwelttiere schwenken gleichzeitig ein Auto nach dem anderen ins Schiff, dessen Deck hoch über dem Dach des Bahnhofes liegt. Ein anderer bringt die unzähligen Säcke europäischer Post an Bord, wo sie weiter bearbeitet werden. (Abb. 22 und 23.)

Inzwischen gleiten die Koffer und gehen die Fahrgäste hinüber. Von Klängen der Musikkapelle begrüßt. Die Bahnhofsuhr zeigt die angegebene Abfahrts-Minute. Dreimal brummt die Schiffspfeife, so ungeheuer tief ihr Ton wie das Schiff groß. Die Taue fallen. Tausende winken sich zu. Frohe Scherzworte, letzte Wünsche, stille Tränen. „Muß i denn, muß i denn zum Städtle hinaus" spielt die Kapelle. Selbst der blasierte Snob kann sich dem ergreifenden Schauspiel nicht völlig entziehen. Erstaunlich schnell kommt der Riese in Fahrt. Jetzt erkennt man erst die ganze Größe und die wundervolle Eleganz seiner Linien. Aber bald ist er mit samt dem Möwenschwarm, der ihn umgibt, den Blicken entschwunden. Zwei Tage nur lag er hier. 2000 Menschen kamen an, ebenso viele fuhren ab. Inzwischen mußte das ganze Schiff überholt werden. 4—5000 t Öl flossen geräuschlos in seine Bunker. 6000 cbm Frischwasser trank der Koloß. Ungeheure Quantitäten Proviant verschlang er, allein 75 000 Eier.

d) Die sonstigen Wirtschafts-Funktionen.

Die Transportmittel im Inlandverkehr.

Die inländischen Verkehrsmittel haben, wie früher dargestellt, eine große stets wachsende Bedeutung für die Seehäfen erlangt. Das gilt für Bremen in hohem Maße. Umsomehr als die Seefrachten für mittlere und weite Seewege von und nach den verschiedenen Häfen des nordwesteuropäischen Festlandes gleich zu sein pflegen. Eine besonders große Rolle spielt diese Frage für alle Nicht-

Stapelartikel; und das sind heute weitaus die meisten. Binnenschiffahrt, Eisenbahn, Kraftwagen und Luftfahrzeuge stehen sämtlich Bremen zur Verfügung, wobei die geschichtliche Reihenfolge angewandt ist, während ihrer Bedeutung für Bremen nach die Eisenbahn unbedingt an erster Stelle genannt werden muß. Hier kann nur die Eisenbahn und die Binnenschiffahrt kurz behandelt werden.

Man nennt Bremen einen „Eisenbahnhafen". Mit Recht, weil sie vier Fünftel seines Seehandels weiterbefördert. Daß Bremen den Schienenweg pfleglich behandeln muß, bedarf daher keines Wortes. Das hat es frühzeitig erkannt und seinerzeit selbst verschiedene Eisenbahnlinien gebaut oder sich am Bau beteiligt. Heute stehen sie alle im Eigentum und im Betriebe der Deutschen Reichsbahn-Gesellschaft. Auf die für Bremen schicksalsvollen Tariffragen kann es mithin nur auf Verwaltungswegen einwirken.

Nachstehend sei aber noch in Ergänzung zu den Tabellen 2 und 6 über den See- und den Binnenschiffs-Güterverkehr eine Aufstellung über die von der Bahn beförderten Warenmengen gegeben. Zusammen mit den beiden genannten ergibt die Tabelle 5 die Gesamtziffern der Tabelle 1.

Tabelle 5.

Der landwärtige bremische Güterverkehr in Tonnen zu je 1000 kg *)

(anfänglich auch Fuhrwerk, später nur Eisenbahn)

	Empfang	Versand	Zusammen	%
1847/51 i. D.	82 000	49 000	131 000	100
1887/91 i. D.	789 000	685 000	1 474 000	1 122
1913	3 371 000	2 348 000	5 719 000	3 090
(1913 ber. St.	3 230 000	2 830 000	6 060 000	4 630)
1929	3 600 000	3 045 000	6 645 000	5 070

*) Die Zahlen bis 1913 beruhen auf den damaligen amtlichen bremischen Statistiken. Sie sind aber nicht vollständig. Die Klammerzahlen geben die nachträgliche Berichtigung für 1913. Mit ihnen vergleichbar sind die Ziffern für 1929, die auf Angaben der Reichsbahn beruhen.

Eine kräftige Entwicklung ist es, die sich hier offenbart. Zu Anfang war sie sogar noch stürmischer als im Seeverkehr. Das dürfte auf das damalige völlige Versagen der Flußschiffahrt zurückzuführen sein. Als diese seit den 90er Jahren ernsthaft mitwirken und wenigstens etwas von dem Verlorenen zurückgewinnen konnte, blieb die prozentuale Zunahme der Bahn bis 1913 nicht mehr ganz so groß wie im Seeverkehr. Dennoch wäre es verfehlt, von einer Einbuße zu Gunsten des Flußverkehrs zu sprechen. Ohne diesen würde sich voraussichtlich der Seeverkehr ebenfalls schwächer entwickelt, die Eisenbahn aber nicht noch mehr gewonnen haben.

Seit alters her verbindet die Flußschiffahrt Bremen mit den Plätzen der Weser, ihrer Quell- und Nebenflüsse. Heute ist es Führer und Kraftquelle für die ganze Weserschiffahrt. Bei fast allen ihren Transportgütern ist Bremen Herkunfts- oder Bestimmungsplatz.

Der gesamte Güterverkehr zwischen Bremen und der Weser nebst ihren Anschluß-Wasserwegen oberhalb der Stadt ergibt sich aus

Tabelle 6.

Der bremische Binnenschiffahrts-Güterverkehr in t zu je 1000 kg.

	zu Tal	zu Berg	zusammen	%
1847/51 i. D.	93 000	23 000	116 000	1,00
1887/91 i. D.	179 000	89 000	268 000	2,31
1913	862 000	286 000	1 148 000	9,90
1929	1 624 000	490 000	2 114 000	18,22

Die Entwicklung zu Anfang ist schlecht. Sie bringt in den ersten 40 Jahren nur eine Verdoppelung, während der Seegüterverkehr sich verzehnfachte. Seit Anfang der 90er Jahre aber tritt endlich eine wesentliche Besserung ein. In jene Zeit fällt der Zusammenschluß der Interessenten, der Beginn der erfolgreichen preußischen Regulierungsarbeiten und damit für die kurze Zeit vorher gegründeten Unternehmungen die Möglichkeit zur Entwicklung einer modernen Binnenschiffahrt auf der Weser.

Von nun ab gelang es der Flußschiffahrt, sich in der Entwicklung zu behaupten, ja sogar etwas von dem verlorenen Betätigungsfeld wieder zu gewinnen und in der relativen Entwicklung sogar die Seeschiffahrt zu übertreffen. Grundsätzlichen oder gefühlsmäßigen Gegnern der Binnenwasserwege gegenüber beweisen die bremischen Zahlen, wie sehr sich die Verbesserungsarbeiten am Weserstrom gelohnt haben, die überdies vielfach gleichzeitig der Landeskultur dienen.

Die Vollendung des Ems—Weser—Hannover-Kanals in den Jahren 1915/16 sowie die Fertigstellung der Kanalstrecken bis Peine und Hildesheim im Jahre 1928 verursachten eine weitere Belebung der Schiffahrt. Trotzdem war am inländischen Zubringerdienst der in Bremen seewärts ein- und ausgeführten Güter, selbst einschl. Bunkerkohlen, die Binnenschiffahrt 1929 doch nur mit etwa 20% beteiligt. Denn mehr als die Hälfte ihrer Transporte war für Industrie- und Stadtbedarf einschl. Hafenbauten bestimmt.

Die Binnenschiffahrt Bremens leidet noch sehr unter dem für heutige technische Begriffe und wirtschaftliche Anforderungen durchaus unbefriedigenden Zustande der Weser und ihrer unzulänglichen Anschlüsse. Seit langem bemüht es sich um die notwendigen Verbesserungen.

Industrie und Gewerbe.

In Handel und Schiffahrt ist Bremen bekannt. Daß es daneben auch gewerblich und industriell im Verhältnis zu seiner Einwohnerzahl unter den deutschen Ländern an erster Stelle und sogar unter den deutschen Städten in vorderster Reihe steht, ist meistens unbekannt. Neben dem Schiffbau besitzt es mannigfache Industrie, die mit dem Seehafen eng zusammenhängt.

Die bedeutende Leistungsfähigkeit der bremischen Werften zeigt die Tatsache, daß das größte deutsche und das schnellste Passagierschiff der Welt, die „Bremen", in seiner Heimatstadt gebaut wurde. Von den 5 Schwimmdocks in Bremen Stadt hebt das größte Schiffe bis zu

17 500 Tonnen Tragfähigkeit. Bremerhaven besitzt sieben Trockendocks, davon eins für die größten Schiffe.

Schiffbau und Schiffsreparatur geben zahlreichen anderen Industrie- und Gewerbe-Zweigen umfangreiche Beschäftigung. Man kann wohl sagen, daß es wenig Branchen gibt, die nicht irgendwie am Bau von schwimmenden Palästen wie der „Bremen" mitwirken. Man denke nur an die Schiffs-Maschinen und -Armaturen aller Art, sowie an die nautischen Instrumente und die umfangreiche Elektro-Schiffs-Installation. Daneben haben Tauwerk-, Holz-, Möbel- und Farben-Industrien stets umfangreiche Arbeit, um nur diese Wenigen beispielshalber herauszugreifen. Von Handwerken sei nur die Malerei erwähnt, für die sich das Salzwasser des Meeres immer erneut in Arbeit und Brot verwandelt.

Aber neben dem Schiffbau und allem, was damit zusammenhängt, findet sich in Bremen und durch seine Gründung in näherer oder weiterer Umgebung eine Fülle anderer Industrien, für die der Seehafen als Standort mit gutem Bedacht auserwählt ist. Hier sind Wollkämmereien, Wollwäschereien, Kammgarn- und Jute-Spinnereien zu erwähnen. Beide Gruppen liegen im Seehafen richtig, weil anderenfalls zuviel Bahnfracht für Produktions-Abfälle bezahlt werden müßte. Anders bei der viel reineren Baumwolle. Obgleich Bremens Handel sie beherrscht, sind die Spinnereien doch — und mit Recht — ausschließlich im Inlande, in nächster Nähe der Verbrauchsgebiete.

Zu den typischen Seehafen-Industrien gehören weiter Getreide-, Öl- und Reismühlen, Stuhlrohr-Fabriken, Mineralöl-Raffinerien und Export-Brauereien. In Bremen wird etwa zwei Drittel des gesamten deutschen Flaschenbier-Exportes gebraut. Auch ein Hüttenwerk befindet sich hier. Es erhält Erze zu See, Kohlen auf dem See- oder Binnenschiffahrtswege und die Kalksteine vom eigenen Steinbruch an der Oberweser durch Fluß-Schiffe. In enger Verbindung zum Holzhandel stehen sehr umfangreiche Hobel- und Sägewerke für nordische Hölzer, daneben Furnier-Industrien, die hochwertige überseeische

Hölzer für die Möbel-Industrie verarbeiten. Auch die Schokoladen-Fabrikation, die Kaffee-Röstereien und die Herstellung von coffeinfreiem Kaffee stehen in engem Zusammenhang mit der See-Einfuhr. Desgleichen die dem Tabakhandel angegliederten Zigarren- und Zigaretten-Fabriken. Bremer Zigarren-Fabriken sind allerdings auch über das ganze Reich verstreut. Erwähnt werden muß noch die sehr bedeutende Silberwaren-Fabrikation, sowie eigene Elektro-, Automobil- und Steingut-Industrie. Weltbekannt ist Delmenhorster Linoleum. Diese Stadt liegt wenige Kilometer von Bremen entfernt, im oldenburgischen Gebiet. Ihre Werke sind Bremer Gründungen. Sie beziehen Korkholz und andere Rohstoffe über See.

Die Apparate vom Möwe- und Ententyp der Focke-Wulff-Werke am Flughafen in Bremen gehören zu den besten Typen in der deutschen Luftfahrt.

Mit dieser Aufzählung muß es sein Bewenden haben. Sie ist keineswegs erschöpfend und soll auch keine Rangfolge geben, nur kurz die Mannigfaltigkeit von Bremens industrieller Betätigung andeuten, soweit sie mit dem Seehafen zusammenhängt, der für sie selbstverständlich nicht nur die Einfuhrfrachten verbilligt, sondern auch günstige Export-Möglichkeiten bietet.

Endlich ist noch eine ganz andere Art von Hafen-Industrien zu nennen, nämlich die umfangreichen Werke zur Fischverarbeitung, Räuchereien, Marinier-Anstalten und Kühlfisch-Herstellung, die in Bremerhaven heimisch sind und eng mit dem benachbarten preußischen Platz Wesermünde, dem größten Fischereihafen des Festlandes, zusammenarbeiten.

So zeigt sich auch auf industriellem Gebiet eine vielgestaltige Regsamkeit der alten Hansestadt.

B) Die technischen und Verwaltungs-Funktionen.

Hätten Handel und Schiffahrt ihre große Entwicklung nicht ohne den Musterbetrieb des Hafenumschlages und der Passagier-Abfertigung erzielen können, so wäre das erfolgreiche Zusammenwirken aller der verschiedenen

Wirtschafts-Funktionen nicht möglich gewesen, wenn Verwaltung und Technik ihnen nicht im Strom und in den Hafenanlagen ausgezeichnete Instrumente zu ihrer Betätigung an die Hand gegeben hätten.

a) Der Strombau.

Der ebenso einfache wie geniale Grundgedanke von Franzius war der, die natürliche Kraft von Ebbe und Flut zur Verbesserung des Stromes zu verwerten. Je weniger Hindernissen die Flutwelle begegnet, mit umso größerer Geschwindigkeit dringt sie vor, eine umso bedeutendere Wassermenge führt sie mit. Andererseits reißt diese, bei der Ebbe zurückströmend, in der glatten Bahn die Geschiebe mit, hilft so selbst das Flußbett räumen und vertiefen. Zu dem Zweck machte Franzius aus der Weser einen sich trichterförmig verengenden Stromschlauch. Alle scharfen Krümmungen, Spaltungen und großen Unebenheiten der Ufer wurden beseitigt. Andererseits muß das Hochwasserbett aufnahmefähig genug bleiben, um die erwähnte große Wassermenge bis Bremen vordringen zu lassen. Im Hochwasserbett mußten also sozusagen Wasserreservoire bleiben, die aber, besonders stromaufwärts, so gegen das Niedrigwasserbett abzutrennen waren, daß der glücklich erzielte einheitliche Flußlauf nicht wieder zerrissen wurde.

Diese Ideen haben bis heute die Grundlage für alle weiteren Fortschritte gebildet. War die Tauchtiefe für die Fahrt bis Bremen um die Mitte des 19. Jahrhunderts etwa 1 bis 2 m, 1894 nach Franzius' Korrektion 5 m, so mußte sie inzwischen auf 8½ m gesteigert werden.

Eine technische Eigentümlichkeit, in der der neueste Ausbau vom Franzius-Projekt abweicht, ist die buckelförmige Sohlenlage. Diese liegt auf der mittleren Stromstrecke etwa von Farge bis Sandstedt am höchsten, und zwar an der niedrigsten Stelle bei Brake rund 7,15 m unter mittlerem Niedrigwasser oder rund 10,45 m unter mittlerem Hochwasser. Bis zur wichtigsten Hafeneinfahrt in Bremen fällt sie auf reichlich 9 m unter mittlerem

Niedrigwasser oder 12,20 m unter mittlerem Hochwasser. Gleichzeitig hat sie von Sandstedt ab wieder ein natürliches Gefälle bis Bremerhaven, wo sie vor der Columbuskaje 10,3 m unter mittlerem Niedrig- und 13,6 m unter mittlerem Hochwasser erreicht. Die Sohlenlage an der Buckelstelle ist so gewählt, daß hier, wo die Weser schon ansehnlich breit ist und ein gutes Begegnen großer auf- und abwärts fahrender Schiffe ermöglicht, während der letzten Stunden der Flut und der ersten Stunden der Ebbe ausreichende Tiefe für die Regel-Frachtschiffe vorhanden ist. Die von Bremerhaven kommenden Schiffe fahren mit der Flut aufwärts und haben ungefähr die gleiche Geschwindigkeit wie der Hochwasser-Scheitel. Umgekehrt aber findet das aus Bremen auslaufende Schiff auf seiner Fahrt dauernd einen anderen Tidestand vor. Wenn es bei Hochwasser aus Bremen abfährt, würde es auf halbem Wege schon recht weit vorgeschrittene Ebbe antreffen. Dadurch, daß man die Sohle nach Bremen fallen ließ, können und müssen die großen Schiffe schon in den ersten Stunden der Flut aus Bremen-Stadt abfahren. Sie treffen dann den Hochwasser-Scheitel über dem Buckel und können von da mit der natürlich fallenden Sohle ungefährdet in den ersten Stunden der Ebbe bis Bremerhaven und weiter zur See gelangen.

Dreierlei wurde hiermit erreicht. Einmal erforderte die Vertiefung des schmalsten Teiles wesentlich geringere Baggerarbeiten und Kosten als auf der jetzt nicht so stark vertieften breiten Strecke. Sodann wurde die Begegnung der großen Schiffe zwangsweise aus dem schmalen in den breiten Teil verlegt und endlich vermehrte die Vertiefung nach Bremen zu die dort nur noch in den Häfen vorhandenen Wasser-Reservoire im oben dargelegten Sinne.

Die Außenweser hatte Jahrzehnte lang große Schwierigkeiten bereitet, bis es nach langen Studien, die wichtige Ergebnisse über die Wanderungen der Sände in kurzen und langen Zeit-Perioden hatten, gelang, den Kampf gegen die Natur auch hier analog der Unterweser in einen solchen mit der Natur zu verwandeln. 1924 wurde das Fahrwasser von dem bisherigen, stark gekrümmten Weg durch das Dwarsgat in das Fedderwarder Fahrwasser umgeleitet. Die Bremerhavener Fahrwassertiefe von 10,3 m bei MNW bezw. 13,6 m bei MHW ist jetzt auf der ganzen Strecke vorhanden. Damit ist die Außenweser die beste See-Zufahrtsstraße Deutschlands geworden. Die großen Schnelldampfer können jederzeit Bremerhaven erreichen. Dem Menschen gelang es, die Natur zu zwingen, mit ihrer Spülkraft für ihn zu arbeiten. So lebt die Korrektionsarbeit in der Tide-Bewegung des Stromes fort.

Selbstverständlich entspricht die Betonnung und Befeuerung allen Bedürfnissen einer Weltverkehrsstraße.

80 Lotsen sind auf der Weser tätig, die Schiffe zu führen, und zwar je ein besonderer Lotse für die Unterweser zwischen Bremen und Bremerhaven und ein anderer für die Außenweser von Bremerhaven bis zur Nordsee. Die Lotsen bilden eine eigene Organisation, welche der Aufsicht des Reiches untersteht.

b) Der Hafenbau.

Die Gestalt der Hafenanlagen ist der sinnfälligste Ausdruck, in dem sich der Seehafen technisch verwirklicht hat. Sie erscheinen daher zunächst als gewordene Form im Gegensatz zum ständigen Werden des durch sie flutenden Verkehrs, des in ihm pulsierenden wirtschaftlichen Lebens. Aber diese Form ist nicht so starr, wie sie erscheinen mag. Die stürmische Entwicklung der Schiffbau-Technik und des Verkehrs im 19. und 20. Jahrhundert riß den Hafenbau mit sich fort und machte aus der ursprünglich gelegentlichen, also einmaligen und damit abgeschlossenen Schöpfung von Hafenanstalten eine fortlaufende Bewegung, mithin ebenfalls ein ständiges Werden in der Hafenbau-Technik. Auch in Bremen. Wäre es nicht der Fall, so würde in erstarrter Hafenform schon längst auch der Verkehr zur Erstarrung verurteilt sein.

Nachstehend ein knapper Überblick in Tabellenform über die bremischen Hafenanlagen in Bremen-Stadt und Bremerhaven mit ihren Baujahren.

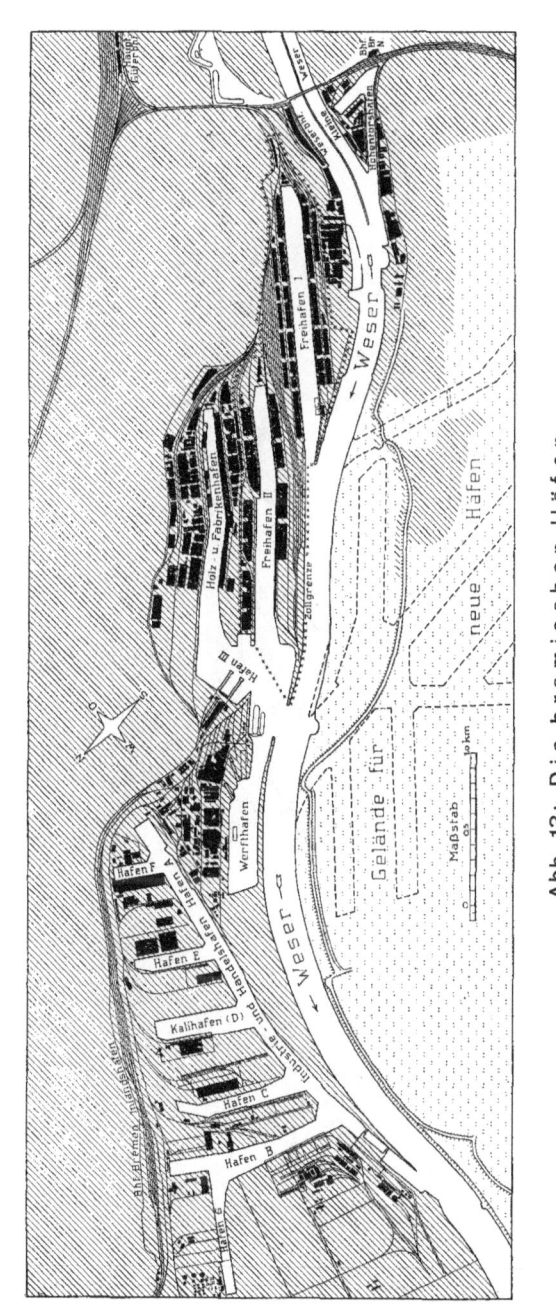

Abb. 13: Die bremischen Häfen.
Teil 1: Die Hafenanlagen in Bremen-Stadt (Vergl. Tabelle 7, Text S. 43.)

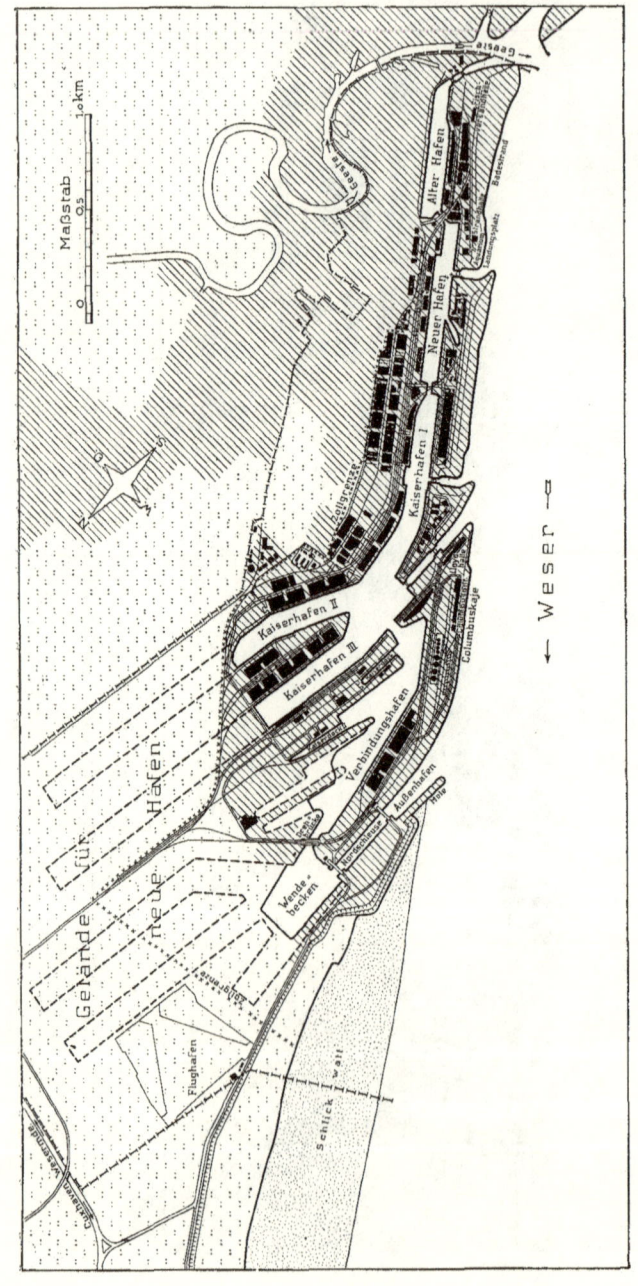

Abb. 14: Die bremischen Häfen.
Teil 2. Die Hafenanlagen in Bremerhaven. (Vergl. Tabelle 7, Text S. 43.)

Tabelle 7 (Vgl. Abb. 13, 14)

Bezeichnung des Hafens	Zeit der Entstehung	Wassertiefe bei M.H.W m	Nutzbare Uferlänge		Öffentliche		Fabriken- u. Lagergelände	
			im ganzen km	noch verfügbar km	Kajeschuppen qm	Speicherlagerflächen qm	im ganzen qm	noch verfügbar qm
I. Bremen								
Weserbahnhof	1855—1930	7,0	0,5	—	11 700	5 000	2 000	—
Kaje an der Tiefer	1857—59	4,5	0,4	—	1 800	—	—	—
Hohentorshafen	1842—72	7,5	2,5	—	5 300	11 000	156 000	—
Freihafen I	1885—88	8,0	3,8	—	111 000	143 000	65 000	15 000
Freihafen II	1901—29	11,5	3,6	0,3	132 000	27 000	23 000	—
Hafen III	1908—14	11,5	1,1	0,4	Getreidespeicher 75 000 t Fassung		95 000	91 000
Holz- und Fabrikenhafen	1891—1930	9,0	3,0	0,3	—	—	492 000	48 000
Wendehafen	1901—06	11,5	0,4	—	—	—		
Industrie- u. Handelshafen (Schleusenhafen)								
Hafen A	1907—11		4,3	2,0	—	—		
„ B	1907—11		2,4	0,2	—	—		
„ C	1911—13		1,8	0,7	—	—		
„ D (Kalihafen)	1923—24	8,5	1,3	1,0	—	—	4 012 000	1 022 000
„ E	1919—22		1,1	0,4	—	—		
„ F	1907—11		0,8	—	—	—		
„ G	1907—11		1,6	1,0	—	—		
Weserufer Osterort	1901—24	10,0	1,5	1,5	—	—	1 000 000	1 000 000
Hafen Vegesack	1619—22	5,5	0,6	—	—	—	15 000	—
Zusamm. für Bremen			30,7	7,8	261 800	186 000	5 860 000	2 176 000
II. Bremerhaven								
Alter Hafen	1827—30	7,1	1,4	—	2 700	—	67 000	—
Neuer Hafen	1847—52	8,8	1,8	—	12 600	—	49 000	—
Kaiserhafen I	1872—97	9,6	2,1	—	22 000	—	150 000	24 000
„ II	1906—27	11,6	1,0	0,5	38 600	—	40 000	31 000
„ III	1907—09	11,6	1,7	—	27 000	—	26 000	—
Dockvorbassin	1896—99	10,6	0,4	—	—	—	110 000	—
Verbindungs- und Dockvorhafen	1911—16	11,6	1,6	0,2	20 900	—	120 000	100 000
Kajen a. d. Geeste	1855	6,0	0,4	—	—	—	—	—
Alte Wesermauern b. d. Lloydhalle	1896—97	10,5	0,4	—	—	—	—	—
Columbuskaje a.d.W.	1925—29	13,8	1,0	—	—	—	—	—
Nordhafen (Wendebecken)	1927—31	11,6	0,7	0,7	—	—	—	—
Zus. für Bremerhaven			12,5	1,4	123 800	—	562 000	155 000
dazu Bremen			30,7	7,8	261 800	186 000	5 860 000	2 176 000
Im ganzen			43,2	9,2	385 600	186 000	6 422 000	2 331 000

Es kann nicht die Aufgabe sein, hier eine Beschreibung der Entwicklung und heutigen Gestalt der umfangreichen Anstalten mit allen ihren Einzelheiten zu geben. Es darf in der Beziehung auf die beigefügten Pläne sowie die Abbildungen Bezug genommen werden.

Die Struktur der bremischen Hafenanlagen ist noch im wesentlichen die gleiche, wie sie vor 100 Jahren in Bremerhaven bezw. von Altmeister Franzius in Bremen-Stadt beim Freihafen I 1888 gewählt wurde. Bei Bremerhaven hat die Weser einen jährlichen Schlickfall von mehreren Metern. Die Hafenbecken sind deshalb dort Schleusenhäfen. Dagegen kann in Bremen für den sogenannten öffentlichen Verkehr der offene Hafen gewählt werden. Sechs Becken haben diese Form, vor allem die Freihäfen mit ihrem starken, ständigen Verkehr großer und kleiner Fahrzeuge. Daneben kennt aber auch Bremen-Stadt die Schleuse, nämlich beim „Industrie- und Handelshafen" mit sieben Becken für Spezialaufgaben. Hier laden oder löschen die Schiffe durchschnittlich große Mengen, bleiben also länger liegen, kommen und gehen aber nicht so häufig. Man kann deshalb den Nachteil einer Schleuse in den Kauf nehmen, um den in diesem Falle größeren Vorteil des stets gleichbleibenden Hafenwasserstandes zur Verbilligung der Anlagen und ihres Betriebes zu erzielen.

Besondere Erwähnung verdienen die Zollausschluß-Gebiete mit den Freihäfen. Sowohl in Bremen-Stadt wie in Bremerhaven liegen die meisten Häfen des allgemeinen Verkehrs in je einem einheitlichen Zollausschluß-Gebiet. Es sind Bezirke, die durch ein hohes Zollgitter bezw. durch Wachtschiffe von dem übrigen Gebiet, dem deutschen Zollinland, abgegrenzt sind. Die Güter können hier ohne irgendwelche Zollkontrolle von See angebracht und auch wieder nach See ausgeführt werden. Die Lotsen sind auf das Zollinteresse des Deutschen Reiches vereidigt.

Der Verkehr in den bremischen Freihäfen umfaßt im wesentlichen Stückgüter oder Bulkgüter, die zwar in großen Mengen vorkommen, aber doch stückgutmäßig zu behandeln sind, wie z. B. Baumwolle. Die eigentlichen schütt- und schaufelgerechten Massengüter, wie Getreide, Kali und Kohlen, sowie der Holzumschlag und die Industrien mit ihren besonderen Bedürfnissen haben Spezialhäfen. Für diese Güter ist die Lage im Zollausschluß-Gebiet nicht erforderlich.

Die wichtigsten Teile sind die Freihäfen, vor allem der Freihafen II, in dem sich fast der ganze außereuropäische Verkehr — abgesehen von den erwähnten Spezialgütern — bewegt. Allein dieser eine Hafen mit 3¼ km Kajen hatte im Jahre 1929 einen Verkehr von 1232 angekommenen Seeschiffen und 3 844 000 NRT. Es ist damit eines der belebtesten Hafenbecken der Welt. Nur durch Anwendung aller technischen Möglichkeiten kann es diesem Verkehrsbedürfnis gerecht werden. (Abb. 24.)

Da die Binnenschiffahrt am Bremer Freihafenverkehr nur mit 10% beteiligt ist, sind hier besondere Liegeplätze für den Umschlag von Schiff zu Schiff nicht erforderlich. In der Ausstattung der Ufer liegt das Charakteristische und Mustergültige der bremischen Freihäfen.

Die neusten Schuppen sind, von Abschrägungen für die Gleiszuführung abgesehen, 66 m tief und im Durchschnitt 390 m lang. Ohne die Höfe für die Fuhrwerks-Einfahrt von der Landseite haben sie zusammen eine überdachte Fläche von 45 700 qm, 7½ mal so viel wie die Grundfläche des Kölner Domes. Jeder Schuppen wird umspannt von einer Ladebühne in Waggonboden- bezw. Fuhrwerkhöhe. An der Wasserseite ist sie 5 m breit, bietet also ausgiebig Platz für das Auf- und Absetzen mit gleichzeitiger Vorbeifahrt von Elektrokarren und dergleichen. Hat man in auswärtigen Häfen vielfach nur 1 Gleis, waren es schon im Freihafen I 1888 2, in den bisherigen Teilen des Freihafens II 3, so sind hier 4 Kajegleise verlegt, so daß hier theoretisch 400 15 t-Wagen mit 6000 t Ladung Aufstellung finden könnten. Jeder Schuppen hat gesonderte Gleisführung. 36 Halbportal-Einziehkräne umwölben diese breite Straße der Arbeit wie alte Bäume eine Chaussee. Sie heben je 3 t 33 m hoch. Ihre Ausladung wechselt zwischen 6 und 19 m. Statt des großen Kreisbogens beschreibt der Arbeitsweg nur eine schmale Ellipse. Diese schon seit einigen Jahren mit verschiedenen Typen in Bremen ausprobierten Einziehkräne ermöglichen gleichzeitige Bedienung je einer Schiffsluke durch 2, ja in einzelnen Fällen sogar 4 Kräne. Für einen normalen modernen Frachtdampfer kann man mit 14 Kränen zu gleicher Zeit rechnen. Heben, Schwenken und Einziehen wird gleichzeitig getätigt, so daß die Arbeit an diesen Schuppen mit dem Durcheinander der Bewegungen 36 solcher Kräne einem phantastischen Spiel gleicht. Leistungen bei einem Seeschiff von über 20 000 Ballen Baumwolle in 15½ Stunden und von 10 400 Ballen in 7 Stunden sind nichts Ungewöhnliches. Das sind durchschnittlich fast 25 Ballen je Minute aus einem einzigen Schiff. 6 große Frachter können zugleich an dieser Kaje behandelt werden. (Abb. 3, 7—9.)

Daß Bremen geheizte Fruchtschuppen hat, ist selbstverständlich. Besonders erwähnt werden aber muß noch eine Bananen-Entladevorrichtung in Bremerhaven. Becherwerke bringen die Büschel schonend bis zur Höhe eines laufenden Bandes, das an einer Reihe von Eisenbahnwagen entlang führt und so mit wenigen Handgriffen deren Beladung ermöglicht.

Eine andere Einrichtung im Freihafen I in Bremen sei erwähnt: Wein-Tanks in der Form gemauerter Großfässer aus Glasbeton. Sie fassen zusammen 1,1 Mill. Liter Südwein, der hier egalisiert, dann in Fässer gefüllt und versandt wird. Seit einiger Zeit ist auch auf einem Bremer Dampfer zum ersten Male in der Welt der Versuch mit einem Weintank gemacht, der sich ausgezeichnet bewährt und wohl allmählich das überflüssige Befördern der Fässer ganz verdrängen wird. Der Schiffstank wird im spanischen oder marokkanischen Hafen durch Schläuche gefüllt, in Bremen durch ein Schlauch- und Röhren-System in die Schuppentanks entleert.

Abb. 15: Die Bremer Getreide-Verkehrsanlage.

Im Hintergrund der Speicher von 75 000 t Fassungsvermögen; links Werft der A.-G. „Weser".
(Vergl. Text S. 30.)

Abb. 16: Getreideanlage. Wiegen, Sacken und Beladen der Waggons im Speicher; in gleicher Weise auf den Piers. (Vergl. Text S. 47.)

Abb. 17: Löschen von Holz bei Louis Krages im Bremer Industrie-Hafen. Die Krane fahren von den Pierbrücken in und durch die zahlreichen und großen Schuppen bis an das Hobel- u. Sägewerk. (Vergl. Text S. 30.)

Die sonstigen Spezialanlagen befinden sich im allgemeinen im Zollinland. Das ist für die Güter, die, wie z. B. das Getreide, ausschließlich für das Inland bestimmt sind, praktischer. Der Zoll macht auf die gesamte Ladung losen Getreides im Seeschiff weniger aus als bei Bezahlung von Sackzoll beim Übergang der Waggons oder Kraftwagen vom Freihafen ins Zollinland. Die zeitraubende Wagenkontrolle beeinträchtigt auch bei einer so großen Anzahl den gesamten Hafenverkehr stark. Das führte zum Bau der 1920 erstmalig voll in Betrieb genommenen Getreideanlage im Hafen III. Sie besteht aus 2 senkrecht zum Ufer in den Hafen springenden Piers von je 170 m Länge. Auf ihnen stehen je 4 Saughebertürme mit 12 Saugrohren nach jeder Seite. Wahlweise können diejenigen der einen oder der anderen Seite eingeschaltet werden. Im allgemeinen liegen die Seeschiffe an der Innenseite der Piers, die Binnenschiffe an der Außenseite. Senkrecht zum Ufer, mit den Piers durch laufende Bänder verbunden, liegt das Speichergebäude. Es faßte ursprünglich 23 000 t in Silos und Bodenspeichern und ist neuerdings auf 75 000 t erweitert. Damit ist es der größte Getreidespeicher Europas. (Vgl. Abb. 15 und 16.)

Zweck der Anlage ist der Umschlag von Getreide aus Seeschiffen in Waggons, Binnenschiffe, Speicher oder Kraftwagen. Stets wird es auf seinem Wege automatisch gewogen, vielfach auch gesackt. Selbstverständlich kann der Speicher die Ware wieder an alle Art Verkehrsmittel abgeben. Die Anlage leistet 4—5000 t in 8 Stunden. Alle 20 Minuten können von jedem Pier 8 beladene Eisenbahnwagen abgefahren werden. Um diesen Betrieb mit dem gleichzeitigen Verwiegen und Absacken nicht durch das dauernde Heranfahren von Säcken zu stören, werden diese je nach Firma aus einem besonderen Sacklager durch eine Schwebebahn mit automatischen Abwurfvorrichtungen zugeführt.

In ihrer den Bremer Bedürfnissen genau angepaßten Art ist diese Getreideanlage einzigartig.

Diente sie dem Import, so ist die Ende 1928 vollendete Kalianlage, die an das Deutsche Kalisyndikat verpachtet ist, vorwiegend für den Export bestimmt. Sie beruht auf dem Grundgedanken, daß die Produktion der Kaliwerke während des ganzen Jahres möglichst gleichmäßig von statten gehen soll, und daß daher in den Zeiten, in denen das Inland keinen Bedarf hat, die Ware im Seehafen, wo sie ohnehin vielfach gelagert werden muß, von einem großen Ausgleichslager aufgenommen wird. Die Bremer Kalianlage liegt am Kalihafen, dem Becken D des Industrie- und Handelshafens. 6 Lagerschuppen fassen 120 000 t Kali. Ihnen vorgelagert ist an der Seite der breiten Kaje ein 150 m langer und bis zu 32 m hoher Längsbau für das System der Förderbänder. Das aus Waggons und Binnenschiffen durch geeignete Luken auf Kellerbänder abgeworfene Gut wird von diesen auf die steigenden Bänder geleitet, die es bis zur höchsten Höhe emporführen. Von dort werden die Salze, und zwar nach Sorten getrennt, über Bänder im Dachfirst der Schuppen an den gewünschten Stellen abgeworfen. Gewaltige weiße Berge türmen sich unten auf. Wegen der stark hygroskopischen Eigenschaft mancher Sorten hat jeder Schuppen große Kratzer, baggerartige Maschinen. Sie führen, z. T. nach vorherigen Sprengungen, beim Entleeren der Schuppen das Gut auf ein Bodenband. Von dort gelangt es dann wieder über die steigenden Bänder bis zur Höhe, entweder lose oder nach vorherigem Sacken, stets aber verwogen, auf die Bänder der fahrbaren Verladebrücken und durch Rohre oder Wendelrutschen ins Schiff. Die gefüllten Säcke werden dabei während ihres Weges auf dem laufenden Bande automatisch vernäht. (Abb. 18, 19.)

Die fahrbaren Kranbrücken, welche die Verladebrücken noch überragen und mit Ausleger 63 m lang sind, überspannen nicht nur die breite Kaje, sondern auch noch das Seeschiff und ein außenbords liegendes Binnenschiff. Letzteres kann also gleichzeitig mit Hilfe einer Brücke unmittelbar ins Seeschiff überladen und daneben mit einer anderen über das Seeschiff hinweg Kalisalze

Abb. 18: Die Bremer Kalianlage. Beachte die 3 hohen Kranbrücken und die 4 niedrigen Verladebrücken; an der rechten gerade eine Wendelrutsche in Betrieb. (Vergl. Text S. 30.)

Abb. 19: Blick in einen der 6 Kalispeicher von je 20 000 t Fassung. Beachte die gleichzeitige Einlagerung von oben und das Auslagern mit Hilfe des Kratzers. (Vergl. Text S. 48.)

Abb. 20: Bremerhaven. „Neuer Hafen" mit einem Schulschiff des Nordd. Lloyd. (Vergl. Tabelle 7 Seite 43.)

Abb. 21: Bremerhaven. Die Nordschleusen-Anlage Ende März 1931. Im Hintergrund der Landflughafen; rechts die Drehbrücke. (Vergl. Text S. 50.)

in den Speicher zur Lagerung oder Umfüllung in Säcke abgeben.

Die Verlademöglichkeit der ganzen Anlage beträgt etwa 5500 t in 8 Stunden. Sie ähnelt den in den letzten Jahren in 2 anderen großen Seehäfen errichteten Anlagen, ist aber jünger, so daß bei ihr die Erfahrungen der anderen bereits ausgewertet werden konnten.

Der umfangreiche Holzhandel erfordert in Bremen ebenfalls Sondereinrichtungen. 5 große Hafenufer stehen ihm allein zur Verfügung. Außerdem giebt es Holzumschlag noch an 2 weiteren Ufern. Hier hat nicht der Staat, sondern jeweils die einzelne Privatfirma die Anlage geschaffen. Auch da finden wir den modernsten technischen Stand. Auf die Einzelheiten ebenso wie auf die Sondereinrichtungen für den Kohlenumschlag und die z. T. sehr interessanten Verladeanstalten der Industrie einzugehen, würde hier viel zu weit führen. (Vgl. Abb. 12, 17.)

Neben der Herstellung der großen Neuanlagen war der bremische Hafenbau in den letzten Jahren damit beschäftigt, die alten Hafenteile durch Ufermauern und Vertiefungen zu modernisieren und so eine möglichst rationelle Ausnutzung aller, auch der ältesten Hafenteile zu erzielen. Ferner wurden die alten Kräne des Hafens II in Einziehkräne umgewandelt.

Nicht genug mit diesen Werken in Bremen-Stadt, von denen allein die Schuppen 15 und 17 mit Zubehör und Kajemauer rund 15 Millionen RM erforderten. In Bremerhaven wurde die bereits bei der Passagier - Abfertigung erwähnte Columbus-Kaje ebenfalls in den letzten Jahren erbaut. Für den Laien hat diese Mauer von 1 km Länge nichts Auffallendes. Ihn fesseln vielmehr die 3 besonders hohen und eigenartigen Einzieh-Portalkräne, das ungewöhnlich lange Empfangsgebäude mit prächtigen Wartesälen, die Zollhalle von 150 m Länge und 20 m Tiefe, sowie der Bahnhof mit seinen 350 m langen Bahnsteigen. In Wahrheit liegt jedoch die Besonderheit und der technische Wert der Anlage in der unscheinbaren Mauer, weil sie bei einem außerordentlich schlechten Untergrund am freien Strom in der Nähe des offenen Meeres eine Wassertiefe von 11 m unter mittlerem Niedrigwasser oder 14,30 m unter mittlerem Hochwasser besitzt. Weitere Vertiefung um 1½ m ist vorgesehen, sobald es benötigt wird. Um die Mauer auf festen Grund setzen zu können, war es erforderlich, einen großen Wald von Baumstämmen bester Art und größter Längen durch Schlick und Kleie bis in guten Baugrund zu rammen. (Vgl. Abb. 22, 23.)

Beanspruchte diese Anlage schon Kosten von über 10 Millionen RM, so sind die „Bremen" und „Europa" die Veranlassung dazu, daß gegenwärtig ein noch weit größeres, allerdings schon älteres Projekt durchgeführt worden ist mit einem Kostenaufwand von über 30 Millionen RM: die Nordschleuse. Die in den 90er Jahren gebaute Kaiserschleuse genügte trotz ihrer für damalige Begriffe großzügigen Abmessungen von 28 m Breite nicht mehr. Die beiden Riesenschiffe konnten daher bislang nicht in den eigentlichen Hafen und auch nur auswärts docken. Die Nordschleuse zusammen mit einem Vorhafen und dessen Anschluß an den „Verbindungshafen", der nun erst wahrhaft seinem Namen Ehre macht, helfen diesem Übelstand ab und geben allen Häfen die nötige Sicherheit einer zweiten Ausfahrt. Gleichzeitig ist das größere der beiden Trockendocks am Verbindungshafen so verlängert, daß es die größten Schiffe aufnehmen kann. Die Schleusenkammer enthält mit 372 m Länge, 60 m Breite und 14½ m Tiefe bei M. H. W. den größten Rauminhalt von allen Schleusen der Welt, wird aber in der Länge und der Torweite (45 m) von einer fremden etwas übertroffen. (Abb. 21.)

c) Die sonstigen Verwaltungs-Funktionen.

Schutz-, Gebühren- und Verkehrs-Politik sind die wichtigsten sonstigen bremischen Verwaltungs-Funktionen. Der Schutz, der sich vor Jahrhunderten bis zu großen Kriegen mit fremden Ländern auswirkte, ist heute beschränkt auf Polizei-, Feuer- und Eisschutz. Alle 3 Aufgaben sind wichtig, um so mehr, je höher der Wert der

Abb. 22: Bremerhaven. Columbus-Kaje mit Schnelldampfer „Bremen". Im Hintergrund Verbindungshafen mit den beiden z.Z. gefüllten Kaiserdocks; rechts Kaiser-Hafen III. (Vgl. Text S. 34.)

Abb. 23: Bremerhaven.
Columbus-Bahnhof mit Lloydschnelldampfer. (Vergl. Text S. 34.)

Abb. 24: Bremen. Freihafen II mit Uebersee-Frachtdampfern. Links Kohlenheber zum Bebunkern; in der Mitte schwimmender Getreideheber. (Vergl. Text S. 45.)

Waren des Hafens ist. Je größer die Sicherheit gegen derartige Gefahren, desto niedriger die Versicherungspolicen. Neben den Sprinkler-Anlagen, automatischen Beregnungs-Vorrichtungen, in den meisten Schuppen sind verschiedene Feuerwachen mit den üblichen Wagen im oder am Hafengebiet sowie mehrere Spritzendampfer zu erwähnen. Bei Eisgang werden Strom und Hafen durch Eisbrecher freigehalten. Selbst im harten Winter 1929 gelang es, die Weser und die bremischen Häfen vor nennenswerten Behinderungen zu bewahren.

Der Anteil des Staates am Hafenbetriebe wurde bereits im Abschnitt über den Umschlag behandelt. Ebenso seine Aufgabe, die sämtlichen Hafengebühren der Bremer Lagerhaus-Gesellschaft festzusetzen. Selbstverständlich wird dabei die Gesellschaft gehört. Aber auch die Vertreter von Handel und Schiffahrt. Stets verfolgte die bremische Hafenverwaltung die Politik, die Gebühren möglichst niedrig zu halten, um durch Belebung des Verkehrs letzten Endes für alle, auch für den Staat durch die Einkommensteuer, den größten Nutzen zu erzielen. Die Reichssteuer-Gesetzgebung nahm Bremen die Verfügung über die wichtigste Einnahme, aus der es früher seine großen Hafenkosten indirekt mit deckte. Die Ausgaben aber blieben Bremen und stiegen nach dem Diktat der Technik. Hier müßte Bremen wieder mehr Bewegungsfreiheit und Selbstbestimmung über die Einnahmen und Ausgaben erhalten, die unmittelbar oder mittelbar auf seinen Hafenbelangen beruhen. Es hat seit 1000 Jahren bewiesen, daß es imstande ist, seine Angelegenheiten selbst zu ordnen. Auch nach dem Weltkriege. Es geht nicht an, daß 300 000 Menschen die gewaltigen Kosten für die Häfen aufbringen, die letzten Endes ganz Deutschland dienen und daß sie zum größten Teil auf die direkte Verzinsung verzichten, weil sich ein Hafen, der wirklich Verkehr behalten soll, bei dem scharfen internationalen Wettbewerb nirgends unmittelbar voll verzinsen kann, daß aber die Steuererträge, welche indirekt hierdurch erzielt werden, anderen zufließen.

Bremen ist Mittler im Völkerverkehr. Aber es ist selbst durch und durch deutsch, nach Geschichte, Abstammung und Gefühl seiner Bevölkerung. Aber auch wirtschaftlich ist es, je länger je mehr, mit dem deutschen Vaterlande auf Gedeih und Verderb verwachsen. Deutschland ist in erster Linie sein Hinterland; deutsche Verkehrsfragen sind vielfach auch bremische. Umgekehrt sind bei der Bedeutung Bremens für die deutsche Volkswirtschaft und bei seinem scharfen Wettbewerb gegen ausländische Häfen bremische Verkehrsprobleme nicht selten auch deutsche. Aus diesem Gedanken entspringt eine Fülle von unsichtbarer täglicher Behördenarbeit um Eisenbahntarife, Binnenschiffahrtsfragen oder andere Angelegenheiten, die für den Seehafen schicksalsvoll, aber seinem eigenen direkten Schaffen entzogen sind. Diese Tätigkeit kann nicht geschildert werden. Denn sie setzt sich nicht in sichtbare Werke um wie der Strom- und Hafenbau oder die privatwirtschaftlichen Funktionen. Aber deren greifbare Ergebnisse beruhen nicht selten zum guten Teil auf den unbekannten Erfolgen, welche auf dem Arbeitsgebiete der Behörden und der Vertretungen der Wirtschaft zäh erstritten wurden. Ihr Leben ist das Wirken für den Seehafen Bremen, ihr Lohn sein Leben.

4. Die Organe.

a) Die Kaufmannschaft.

Die Träger des Handels sind wie vor 1000 Jahren die Kaufleute. Nur daß sie jetzt in der rechtlichen Form von Firmen auftreten. Aber das persönliche Element überwiegt noch erfreulich stark. Weitaus die meisten Firmen sind offene Handelsgesellschaften, also mit persönlicher Haftung ihrer Inhaber. Rührige und kreditwürdige Menschen können auf diesem Gebiete immer noch selbständige Tätigkeit finden. Dem Zuge der Zeit entsprechend mußte sich auch der Seehandel stark spezialisieren. Im Eigenhandel mit den großen Artikeln, wie Baumwolle, Wolle, Getreide, Tabak, Kaffee, Wein, Holz und dergl., pflegen sich die einzelnen

Geschäfte auf diesen einen Artikel zu beschränken. Dafür erreichen sie natürlich in der Kenntnis und Behandlung seiner Sorten und Eigentümlichkeiten um so größere Vollkommenheit.

Eine Einrichtung muß hier erwähnt werden, die Bremen auszeichnet: die Baumwollbörse. Sie ist aus einem am 1. Oktober 1872 gegründeten Komitee für den Bremer Baumwollhandel entstanden und ist die führende Börse für den ganzen kontinentalen europäischen Baumwollhandel geworden. Wegen ihrer guten, sorgfältigen Arbeit und ihrer Unparteiigkeit steht sie in der ganzen Welt in hohem Ansehen. Für die Abschätzung der Baumwolle sind beeidigte Klassierer angestellt, die keine Kenntnis von den Parteien haben, für die ihr Gutachten entscheidend ist. Gegen das Urteil der Klassierer kann Berufung bei einer Kommission der Bremer Baumwollbörse eingelegt werden. In der Zusammensetzung des Vorstandes kommt die internationale Bedeutung, aber zugleich auch die bremische Führung stark zum Ausdruck. Er besteht im ganzen aus 24 Mitgliedern, davon 12 Bremer Baumwollhändlern, 1 anderen deutschen Händler, 9 deutschen und österreichischen Spinnern, 1 tschechoslowakischen und 1 Schweizer Spinner.

In einem gewissen Gegensatz zu den oben genannten Firmen, die sich nur mit einem einzigen Artikel befassen, stehen die Export- und Import-Geschäfte, welche mit allen nur erdenklichen Waren und z. T. mit sämtlichen Erdteilen arbeiten. Juristisch gesprochen sind diese Firmen aber meistens als Kommissionäre tätig.

Der Seehafen-Spediteur hat, wie schon im Abschnitt über den Hafenumschlag angedeutet, sehr wichtige und komplizierte Funktionen, sodaß auch der bremische Eigen- und Kommissions-Handel sich für diese Aufgaben im allgemeinen seiner bedienen. Also eine wohl abgegrenzte Arbeitsteilung. Die großen Privatlager, in denen die Baumwolle längere Zeit aufgestapelt wird, stehen durchweg im Eigentum von Baumwoll-Speditionsfirmen. Daraus ergibt sich schon die Bedeutung ihrer Lagerei-Tätigkeit, und man versteht, daß der Aufgabenkreis der Seehafen-Spediteure im allgemeinen ein weit schwierigerer und größerer ist als derjenige der binnenländischen Spediteure.

Am 1. Januar 1930 betrug die Zahl der in das bremische Handelsregister eingetragenen Firmen 5612; davon waren 282 Aktien-Gesellschaften und Kommanditgesellschaften auf Aktien, sowie 650 Gesellschaften mit beschränkter Haftung, aber 4680 übrige, also durchweg persönliche Firmen. Allerdings sind in dieser Zahl auch Unternehmungen enthalten, die mit dem Seehafen direkt nichts zu tun haben. Jedoch dürfte der größte Teil der Ziffer auf Handels-Firmen aller Branchen entfallen. Darunter sind solche mit weltumspannender Tätigkeit, Jahrhunderte alter Firmen- und Familien-Tradition, vielen Beziehungen geschäftlicher und persönlicher Art nach allen möglichen Ländern der Erde. Sie alle sind fest verwurzelt in der bremischen Heimat.

b) Die Reedereien.

Bietet der Handel noch Raum für die Betätigung vieler selbständiger Existenzen, so sind in der Reederei an Stelle der früheren zahlreichen Einzelreeder und kleinen Reedereien einige wenige Unternehmungen getreten. Das Groß-Unternehmen und die Konzernbildung haben sich hier wegen der hohen Werte moderner Schiffe restlos durchgesetzt. Allen voran steht der Norddeutsche Lloyd. Die Entwicklung seiner Tonnage war folgende:

		Brutto-Reg.-To.
Ende	1857	9 807
„	1900	540 119
„	1913	982 951
„	1920 (nach Ablieferung der Flotte)	57 671 *)
„	1930	955 087

Mit 660 000 Menschen beförderte er im Jahre 1913 die größte Anzahl von Reisenden unter allen Reedereien der Erde. Auch in der Beförderung der Post zwischen Ame-

---
*) Nur Tender, Seebäderdampfer und Hilfsfahrzeuge.

rika und Europa stand er an der Spitze, dank seiner Schnelldampfer, mit denen er schon seit 1881 immer wieder Neues und Großes leistete, jetzt gekrönt durch die wundervollen Schiffe „Bremen" und „Europa" von je rund 50 000 Brutto-Reg.-To., die mit 28 Seemeilen die schnellsten Handelsschiffe der Erde sind und, wie schon an anderer Stelle gesagt, eine außerordentliche Anziehungskraft im internationalen Reiseverkehr ausüben. Vor dem Kriege war der Norddeutsche Lloyd die zweitgrößte Reederei der Erde, übertroffen nur von der Hamburg-Amerika-Linie. 1930 haben sich beide zu einer Interessengemeinschaft, aber unter Wahrung ihrer Selbständigkeit, zwecks gemeinsamer Arbeit zusammengeschlossen. Sie dürften in dieser Geschlossenheit wie vor dem Kriege führend in der Welt dastehen. Ihre innere Gleichwertigkeit kommt in der Basis 50 : 50 zum Ausdruck, die 1913 oder 1914 wohl schwerlich für die bremische Reederei hätte erreicht werden können.

Neben dem Norddeutschen Lloyd sind als größte deutsche Frachtreederei die Deutsche Dampfschiffahrts-Gesellschaft „Hansa" und als größte deutsche Reederei im europäischen Verkehr die Dampfschiffahrts-Gesellschaft „Neptun" zu erwähnen.

Endlich seien noch die Firma Schuchmann, die im Gegensatz zu allen anderen ihren Sitz nicht in Bremen, sondern in Bremerhaven hat, ferner die Unterweser-Reederei-Aktiengesellschaft und die Firma F. A. Vinnen & Co. erwähnt. Die Unterweser-Reederei betreibt vor allem das Schlepper-Geschäft auf der Weser, soweit nicht der Lloyd-Konzern in Betracht kommt mit seiner eigenen umfangreichen Schlepperflotte. Die Firma Vinnen zeichnet sich dadurch aus, daß sie immer noch Segelschiffe, und zwar moderne mit Hilfsmotoren, in Fahrt hat, während im allgemeinen der nüchterne Dampfer die einst so stolzen und zahlreichen, schönen Segler vollständig verdrängt hat.

Einen Überblick über die Entwicklung der bremischen Handelsflotte von 1871 bis 1930 geben folgende Ziffern:

	Netto-Reg.-To.	Brutto-Reg.-To.
1. Januar 1871	173 000	
1. Januar 1891	376 000	
1. Januar 1913	902 000	1 425 000
Nach Ablieferung auf Grund von Versailles		ca. 100 000
1. Januar 1930		1 524 000 *)

Bremens Anteil an der gesamten deutschen Handelsflotte betrug 1871 17½ Prozent, 1913 28½ Prozent, 1930 35 Prozent.

Mehr als viele Worte zeigen diese paar Zahlen die stolze Entwicklung, jähe Vernichtung und einen beispiellosen Wiederaufstieg. Leben ist das Belebte. Die Handelsflotte ist wiedererstanden, weil ein Wille zum Leben sie geschaffen hat.

c) Die Umschlags-Firmen.

Wie schon mehrfach erwähnt, liegt der Betrieb der stadtbremischen Häfen des öffentlichen Verkehrs in den Händen der Bremer Lagerhaus-Gesellschaft, die im Jahre 1877 gegründet wurde.

Nach dem Vertrage zwischen Staat und Gesellschaft errichtet der Staat (wie die Hafenbecken) sämtliche Lade- und Lagerungsanlagen an den Ufern und bleibt ihr Eigentümer. Die Gesellschaft hat nur den Betrieb dieser „Verkehrs- und Lagerungsanstalten". Zu ihren Ausgaben gehören die Unterhaltung und die Erneuerungsrücklage. Von dem Überschuß ihrer Einnahmen über die Ausgaben erhalten zunächst beide Teile 6% des in gleicher Höhe von ihnen zur Verfügung gestellten Betriebskapitals. Danach bekommt die Gesellschaft gewisse Tantiemen und Wohl-

---

*) Einschl. Neubauten und Schiffen von zusammen 48 500 Brutto-Register-Tonnen, die bremische Reedereien erworben haben, welche aber in die Schiffsregister anderer Häfen eingetragen sind.

fahrtsbeträge, sodann — gleichzeitig mit bestimmten fallenden Beträgen für sie — der Staat die Verzinsung der erwähnten Uferanlagen und zwar 4% für die vor dem 1. 1. 1924 überwiesenen und 6% für die seitdem überlassenen Anstalten. An weiteren Überschüssen ist er ebenfalls stark beteiligt.

Neben der Lagerhaus-Gesellschaft gibt es noch einige private Umschlags-Firmen in Bremen-Stadt, von denen aber nur die Firma J. H. Bachmann am Hansa-Pier die verschiedenartigsten Umschläge vornimmt, während sich die Bremer Umschlags- und Lagerungs - Gesellschaft, vorm. Gebr. Röchling, sowie Paul Klembt auf einige Spezialgüter beschränken, besonders Kohlen, Überseeholz, Phosphate und Salze. Die Kali-Transport-Gesellschaft m. b. H. befaßt sich in der beim Hafenbau erwähnten Kalianlage ausschließlich mit dem Umschlag für das Deutsche Kali - Syndikat, während sich die Deutsche Kohlenhandels - Gesellschaft, ein Tochter - Unternehmen des Rheinisch - Westfälischen Kohlen - Syndikats, auf Kohlen beschränkt. Diese Firmen außer Bachmann haben ihre Anlagen an verschiedenen Becken des Industrie- und Handelshafens. Die Holzfirmen ebenso wie die Getreide-, Öl- und Reismühlen, die Norddeutsche Hütte und die Vacuum-Öl betreiben ihren Umschlag selbst, aber im allgemeinen nur für eigene Rechnung.

In Bremerhaven ist ein Teil der Hafenanlagen vom Bremischen Staat an den Norddeutschen Lloyd verpachtet, insbesondere der Kaiserhafen III, dessen Einrichtungen denjenigen der Freihäfen in Bremen entsprechen, die alte Lloydhalle an der Kaiserschleuse und der neue Columbus-Bahnhof. In den übrigen Anlagen in Bremerhaven wird der Betrieb unter Aufsicht des Staates durch die Deutsche Reichsbahn bzw. eine Stauereifirma ausgeübt.

Es würde zu weit führen, auch noch alle die sonstigen am Umschlag beteiligten Unternehmer zu nennen. Ihnen allen und ihrem gutem Zusammenwirken ist das mustergültige Funktionieren des Umschlages zu danken.

d) Die Handelskammer.

In dem wortkargen Privileg, durch das Kaiser Otto der Große am 10. August 965 Bremen zum Markt erhob, wurde auch das Recht gewährt, eine Kaufmannsgilde zu bilden und von der Zugehörigkeit zu ihr die Teilnahme am Handel abhängig gemacht. Die Mitgliedschaft wurde durch eine Zahlung erworben, die „Hanse", die teils dem Herren der Stadt, dem Erzbischof, teils der Kaufmannsgilde, die daher in Bremen wohl schon von Anfang an ebenfalls die „Hanse" genannt wurde, zufiel. Diese Kaufmannsgilde ist der Vorläufer des heutigen Kaufmannskonventes, aus dem die Handelskammer gewählt wird. Man wird auch annehmen dürfen, daß die Gilde, Brüderschaft oder Gesellschaft, wie sie sich später nennt, von Anfang an eine Leitung hatte. Diese Leitung ist der Ursprung der Handelskammer, die ihre Geschichte jedenfalls bis ins 13. Jahrhundert zurückverfolgen kann. Denn aus dieser Zeit wissen wir, daß an der Spitze der Kaufmannsgilde Elterleute standen, welche die Vorläufer der heutigen Handelskammer-Mitglieder sind. Mit Sicherheit ist bekannt, daß die Elterleute schon 1410 Tonnen legten und Baken errichteten. Bis 1877 hat die Handelskammer diese Aufgabe in Händen behalten, wenn auch die Einnahmen aus dem Tonnengeld schon seit Jahrzehnten der Staatskasse zuflossen.

Zum Kaufmannskonvent können sich die Inhaber oder Teilhaber der im Handelsregister eingetragenen Firmen, soweit sie den Großhandel, die Industrie und Schiffahrt bearbeiten, anmelden. Er umfaßt etwa 1200 Personen und wählt insgesamt 30 Mitglieder der Kammer, deren Präsidium jährlich wechselt und dem eine Reihe wissenschaftlicher Mitarbeiter, die Syndiker, zur Seite stehen. Alle Firmen des Einzelhandels sowie die Gewerbebetriebe sind in anderen Kammern, der Kleinhandels- und Gewerbekammer, vertreten, wodurch sich die Handelskammer von anderen deutschen Industrie- und Handelskammern unterscheidet. Ihnen hat sie im übrigen die staatsrechtliche Stellung voraus, daß sie durch die bremische Verfassung als Staatsanstalt eingesetzt ist, die unmittelbar mit der höchsten Regierungsstelle, dem Senat, verkehrt.

e) Die staatlichen Organe.

Die freie Hansestadt Bremen ist eines der Länder des Deutschen Reiches. Sie ist alte Republik. Daher hat ihre neue Verfassung von 1920 nicht so umwälzende Änderungen gebracht wie in den meisten anderen Ländern. Der Landtag hat seinen alten Namen „Bürgerschaft" behalten. Die Regierung heißt nach wie vor „Senat". Er wird aus der Bürgerschaft gewählt. Aber die Souveränität liegt bei beiden zusammen. Andererseits hat die Bürgerschaft unmittelbaren Anteil an der Verwaltung. Denn für deren wichtigste Zweige sind „Deputationen" unter dem Vorsitz eines Senators gebildet, denen neben Senatsvertretern auch Mitglieder der verschiedenen Fraktionen der Bürgerschaft angehören; eine Einrichtung, die auch früher bestand und die sich ausgezeichnet bewährt hat. In den Senat können auch Kaufleute gewählt werden mit der Befugnis, neben der Senatstätigkeit ihren kaufmännischen Beruf beizubehalten. Die Zugehörigkeit zu Vorständen oder Aufsichtsräten großer Unternehmungen bedarf der besonderen Genehmigung des Senates, die dem Präsidenten der Bürgerschaft angezeigt werden muß. So ist unliebsamen Vorkommnissen vorgebeugt. Andererseits aber ist der Regierung durch diese Besonderheiten engste Verbindung mit dem Pulsschlag der Wirtschaft gesichert. Selbstverständlich gehören auch der Bürgerschaft Vertreter der Kaufmannschaft an, wenn auch Zahl und Anteil der Kaufleute sich durch das allgemeine Wahlrecht gegenüber der früheren Berufsstaffelung vermindert hat.

Auf dem Gebiete von Handel und Schiffahrt heißt die Deputation in dem oben dargelegten Sinne „Deputation für Häfen und Eisenbahnen". Neben ihr gibt es unmittelbar dem Senate unterstehende Kommissariate, Kommissionen und Behörden, z. B. für die Strombauverwaltung, für Eisenbahnangelegenheiten, Handel und Schiffahrt usw. Diese zusammen mit der Deputation sind durch Personal-Union ihres Vorsitzenden bzw. Kommissars, eines Senators, verbunden. Die Bürotätigkeit ist zusammengefaßt in einem einheitlichen „Zentralbüro für Häfen und Eisenbahnen, Handel und Schiffahrt".

Der Deputation sind unterstellt: Die Baudirektion mit den Hafenbauämtern in Bremen und Bremerhaven sowie die Hafenämter Bremen und Bremerhaven.

Wie im geschichtlichen Abschnitt bereits erwähnt, ist es seit der neuen Reichsverfassung Aufgabe des Reiches, die Seewasserstraßen zu bauen und zu unterhalten. Oberste Instanz für den Weserstrom in technischer Beziehung ist daher jetzt das Reichsverkehrsministerium. Ihm ist die Wasserstraßendirektion Bremen unterstellt. Da aber die Gliederung der Reichswasserbehörden in der mittleren und unteren Instanz im Sinne der Reichsverfassung bislang an dem Widerspruch verschiedener Länder gescheitert ist, so untersteht auch die Wasserstraßendirektion Bremen noch gleichzeitig dem bremischen Senatskommissar für die Strombauverwaltung.

Der Kommissar in Eisenbahn-Angelegenheiten hat den wichtigen Aufgabenkreis, der in anderen Abschnitten schon mehrfach erwähnt wurde, wahrzunehmen, der mit der Entwicklung im Sinne des Speditionshandels eine immer größere Bedeutung gewinnt.

Im übrigen würde es zu weit führen, auf die Gliederung der einzelnen Behörden einzugehen. Letzten Endes gipfelt die Arbeit aller einzelnen Glieder in einer Spitze. Durch deren Verbindung mit der Wirtschaft und der Bürgerschaft hat sich auch nach dem Kriege im allgemeinen jene verständnisvolle Zusammenarbeit aufrecht erhalten lassen, die hier stets geherrscht hat. Ihr ist es zu danken, daß sich das bremische Parlament den großen Aufgaben von Handel und Schiffahrt noch niemals versagt hat, und daß oft Beschlüsse über Bauwerke mit sehr erheblichen Kosten auf den ersten Anhieb einstimmig genehmigt wurden. Verzögerungen sind im allgemeinen immer nur zwecks gewisser Änderungen in sachlicher Beziehung vorgekommen.

f) Die Zusammenarbeit der verschiedenen Organe.

Wie die Zusammenarbeit auf der einen Seite zwischen den privatwirtschaftlichen Organen und andererseits diejenige zwischen Senat und Bürgerschaft auf den Gebieten des Seehafens stets eine gute war, so ist auch das Zusammenwirken dieser beiden Kreise ein recht erfreuliches.

Es war schon ausgeführt, daß die Handelskammer in Bremen eine besondere staatsrechtliche Stellung genießt — übrigens ebenso wie die sonstigen bremischen Kammern. Schon daraus folgt eine innige Gemeinschaftsarbeit. Sie äußert sich noch stärker darin, daß die Handelskammer auch ihrerseits Kommissionen für die einzelnen Geschäftszweige gebildet hat und dazu Vertreter der oben erwähnten Senatsstellen hinzuzieht. So ergibt sich hüben und drüben gute Kenntnis der wechselseitigen Aufgaben und damit vertrauensvolles gegenseitiges Verständnis. Stark gefördert wird dies durch die vielen persönlichen Beziehungen, welche der enge Raum, die innige Verbindung des ganzen Stadtstaates mit seinem Seehafen und die Tradition gewährleisten, die auch in kurzer Zeit die Fremden assimiliert.

Alle Glieder greifen wie Räder eines Uhrwerkes ineinander. Keines ist entbehrlich. Wie in einem lebenden Körper verrichten alle Organe schlicht und reibungslos ihre Arbeit. Alle dienen einander und dem einen großen Organismus, dem Seehafen Bremen.

Niedersächsisch - friesische Zähigkeit, hanseatische Unternehmungslust und deutsche Gründlichkeit bilden die Drei-Einigkeit, der Bremens wirtschaftliches Leben entsproß. Aus diesen Kräften entstammt sein Seehafen. Sie ließen ihn die Kämpfe der Vergangenheit um Freiheit und Geltung gewinnen. Sie lassen ihn die Gegenwart überstehen. Ihre Lebenskraft ist seine Hoffnung für die Zukunft, auch wenn neue Gefahren drohen.

> Das ist der Weisheit letzter Schluß:
> Nur der verdient sich Freiheit wie das Leben,
> Der täglich sie erobern muß.

www.ingramcontent.com/pod-product-compliance
Lightning Source LLC
Chambersburg PA
CBHW031126160426
43192CB00008B/1122